鬼に喰われる人々

◆**変化絵巻**（上巻・部分）　湯本豪一記念日本妖怪博物館（三次もののけミュージアム）蔵
丹波国の武士・津田家の屋敷に現れた怪物。怪異の代表的な存在として、一つ目は絵巻などに描かれ続けた。

社会をつくり上げ、文明を構築した人間は、万物の霊長、生物界の頂点に立った。しかし、その人間を喰う存在がいる。鬼だ。日本の古典で最初に現れた鬼は、出雲地方に現れた一つ目の鬼であり、村人が無残にも両親の前で喰い殺された。

以来、圧倒的な力を持った鬼に対して人々は恐れるばかりで、一方的に捕食され続けた。日本の歴史の裏側には、この鬼と人との闘争の歴史が隠されている。

鬼に喰われる人々

◆**新形三十六怪撰**（老婆鬼腕を持去る図）渡辺綱によって腕を斬られた茨木童子は、綱の伯母に姿を変えて腕を奪い返した。

◆**お化け絵巻**（片輪車）　湯本豪一記念日本妖怪博物館（三次もののけミュージアム）蔵
炎をまとった牛車の妖怪。鬼や妖怪は特に女性や赤子など、力の弱い者を喰い殺すことが多い。

北斎百物語（笑ひはんにゃ）
湯本豪一記念日本妖怪博物館（三次もののけミュージアム）蔵
ツノと牙を生やした鬼女が、子どもの生首をつかんで狂気を帯びた笑顔を浮かべている。

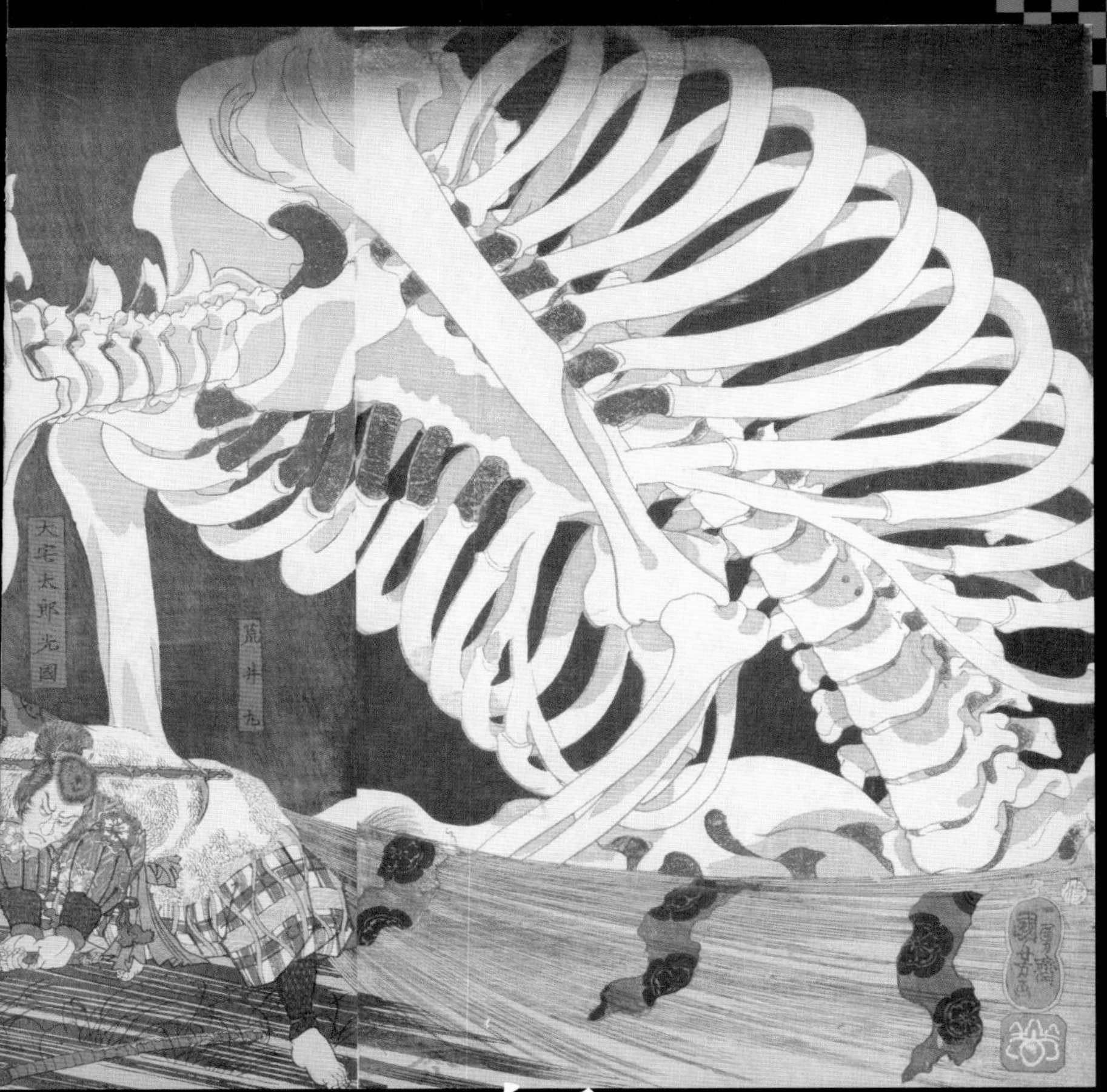

妖術を操る鬼たち

◆**滝夜叉姫と骸骨の図**
平将門の娘・滝夜叉姫は妖術を用いて将門の無念を晴らそうとしたが、陰陽の術を使う大宅光圀たちに討たれた。

◆今昔怪物画本
湯本豪一記念日本妖怪
博物館(三次もののけミュージアム)蔵
六条御息所の嫉妬心が鬼女となって現れ、
恋敵である葵の上や、葵の上を助ける
修験者にも襲いかかったといわれる。

鬼はその異形の姿から人間を超える身体能力を発揮するだけではない。平安時代になり陰陽道の発展によって呪術が用いられるようになると、鬼は人々に対抗するために妖術を操るようになり、髑髏の霊、巨大な蜘蛛、蛇、カエル、蟹などの化け物などを召喚したり、空を自在に飛んだり、風雨を操るなど、人智を超えた特殊能力を用いて、人々を苦しめるようになった。また抑圧された女性たちが恨みや憎しみなどの情念によって鬼へと変化するようになった。

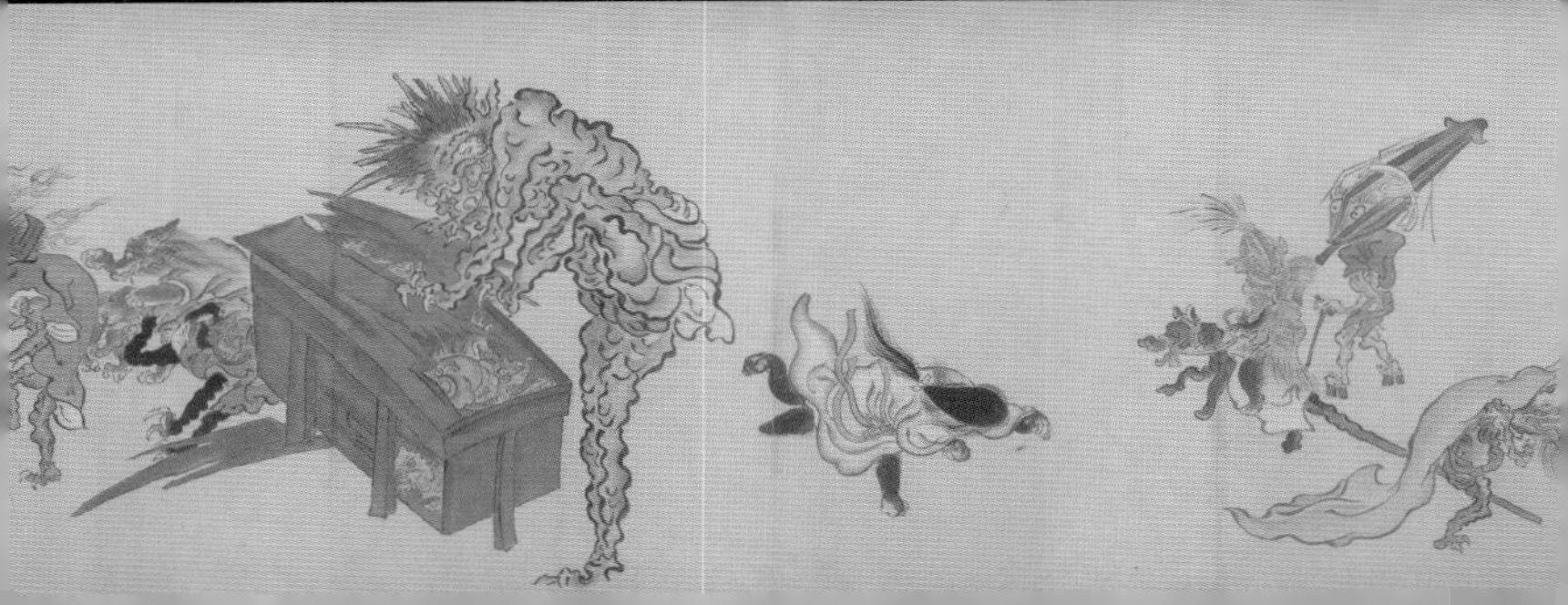

◆**百物語絵巻**（部分

湯本豪一記念日本妖怪博物館（三次もののけミュージアム）

江戸時代の武士・稲生平太郎

実際に体験した話をもとにつくられた絵巻

屋敷には1ヶ月の間にさまざま

怪異が現れた

鬼の大量発生

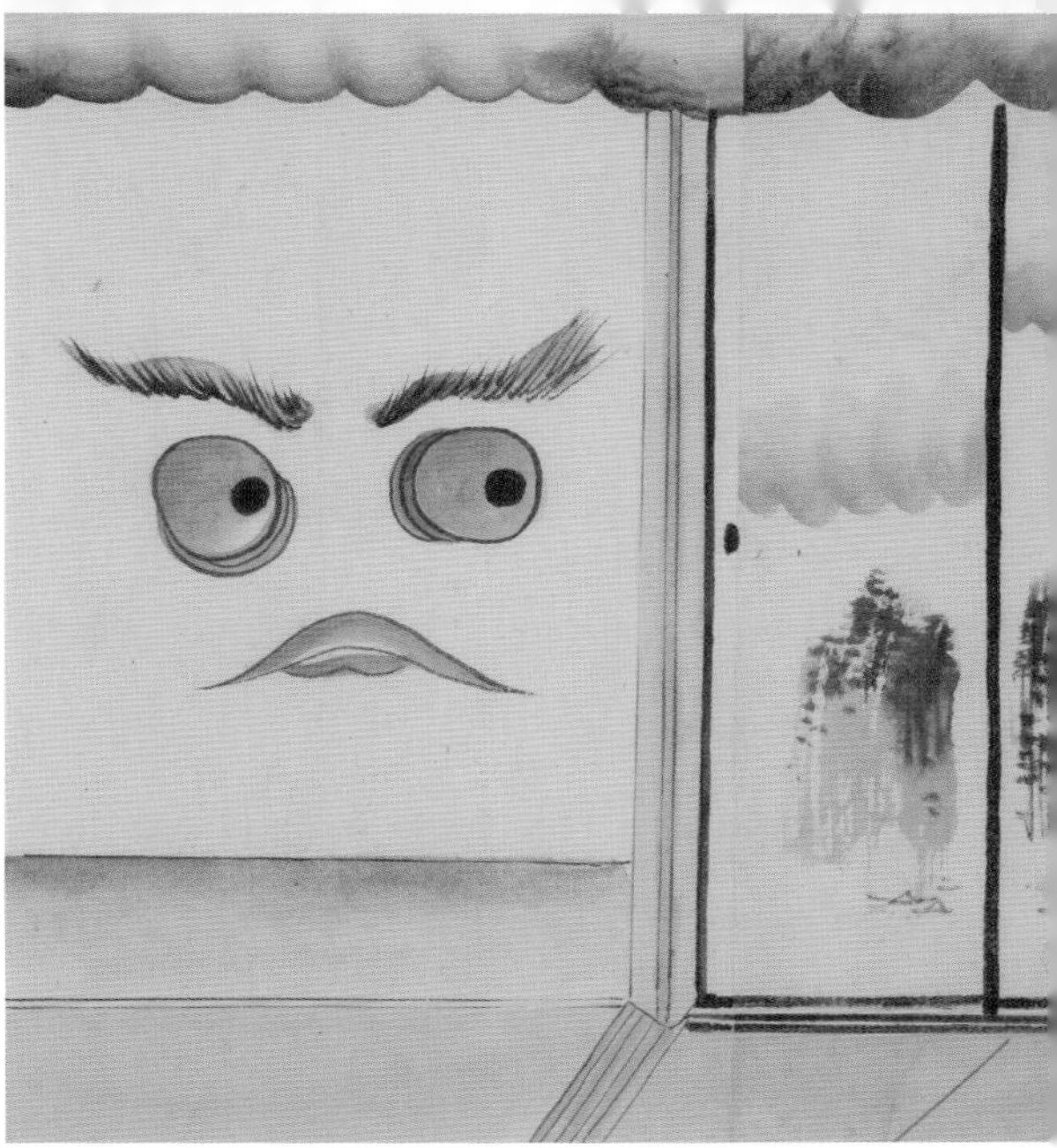

単体で現れることが多かった鬼は、やがて都市部に大量発生するようになった。百鬼夜行と呼ばれた鬼の大量発生は、使い古された鍋や琵琶などに霊が宿ったものや、爬虫類や両生類のような異形のものなど、鬼のバリエーションは飛躍的に増えていった。多数の妖怪が跋扈する百鬼夜行やさまざまな怪異譚は、室町時代から大正時代まで絵巻や浮世絵に描かれるようなり、人々を恐れさせた。

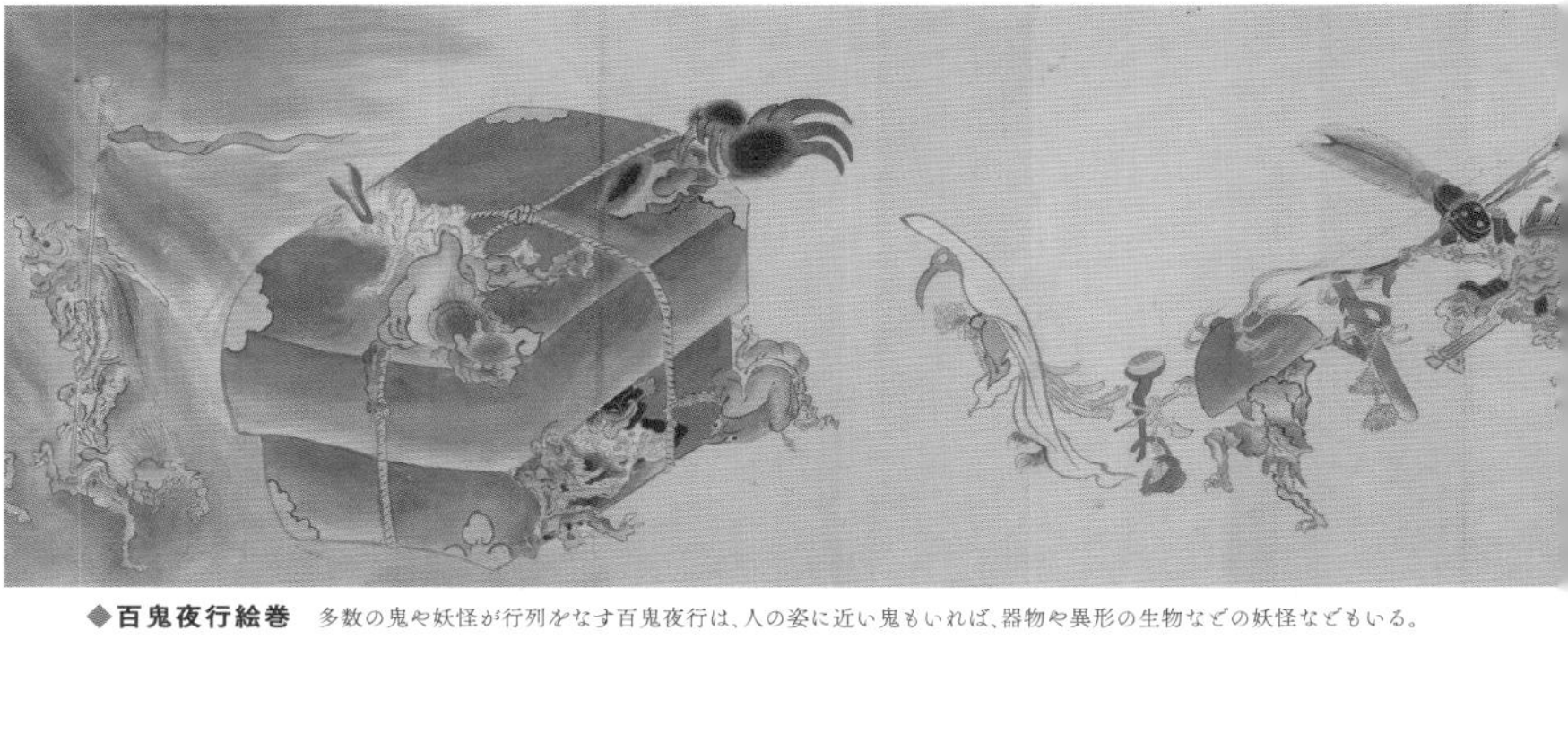

◆**百鬼夜行絵巻**　多数の鬼や妖怪が行列をなす百鬼夜行は、人の姿に近い鬼もいれば、器物や異形の生物などの妖怪などもいる。

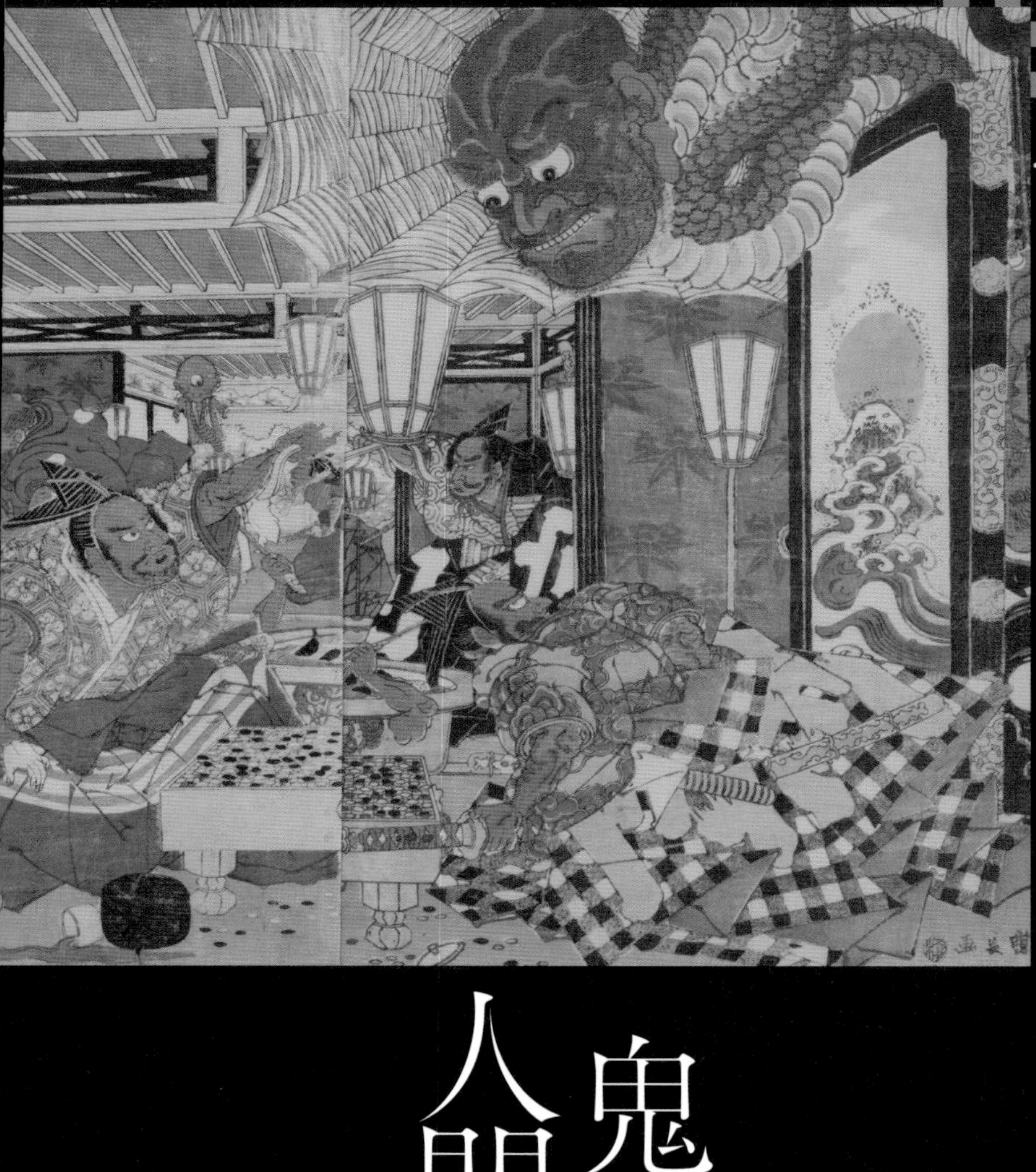

鬼と人間との戦い

◆**源頼光公館土蜘蛛妖怪出現図**
湯本豪一記念日本妖怪博物館(三次もののけミュージアム)蔵
源頼光の館に現れた土蜘蛛と戦う頼光と四天王。人と鬼との戦いは平安時代後期から激化した。

鬼の誕生以来、一方的に捕食されていた人間だが、平安時代後期になると喰われる側から斃す側へ、立場は逆転する。それまで陰陽師たちが中心となり鬼を祓い、鬼の侵入を阻んできたが、より積極的に鬼の排除・駆逐を行うようになったのである。鬼は絶対的な力の象徴ではなく、人間によって討伐可能な存在へと変わっていったのだ。もはや鬼は恐ろしい存在ではなく、英雄たちの武勇を図るバロメーターになっていった。

◆大江山酒天童子絵巻物
鬼の首魁・酒呑童子は、首だけになっても源頼光に襲いかかり、生への執着を強く見せた。

◆国宝　童子切安綱　東京国立博物館　蔵 画像提供：TNM Image Archives
天下五剣のひとつに数えられ、鬼の首魁・酒呑童子の首を斬った太刀と伝えられる。

◆戻橋鬼女退治　福岡市博物館 蔵　画像提供:福岡市博物館／DNPartcom
頼光四天王のひとり·渡辺綱は京都の一条戻橋で鬼の腕を切り落とした。

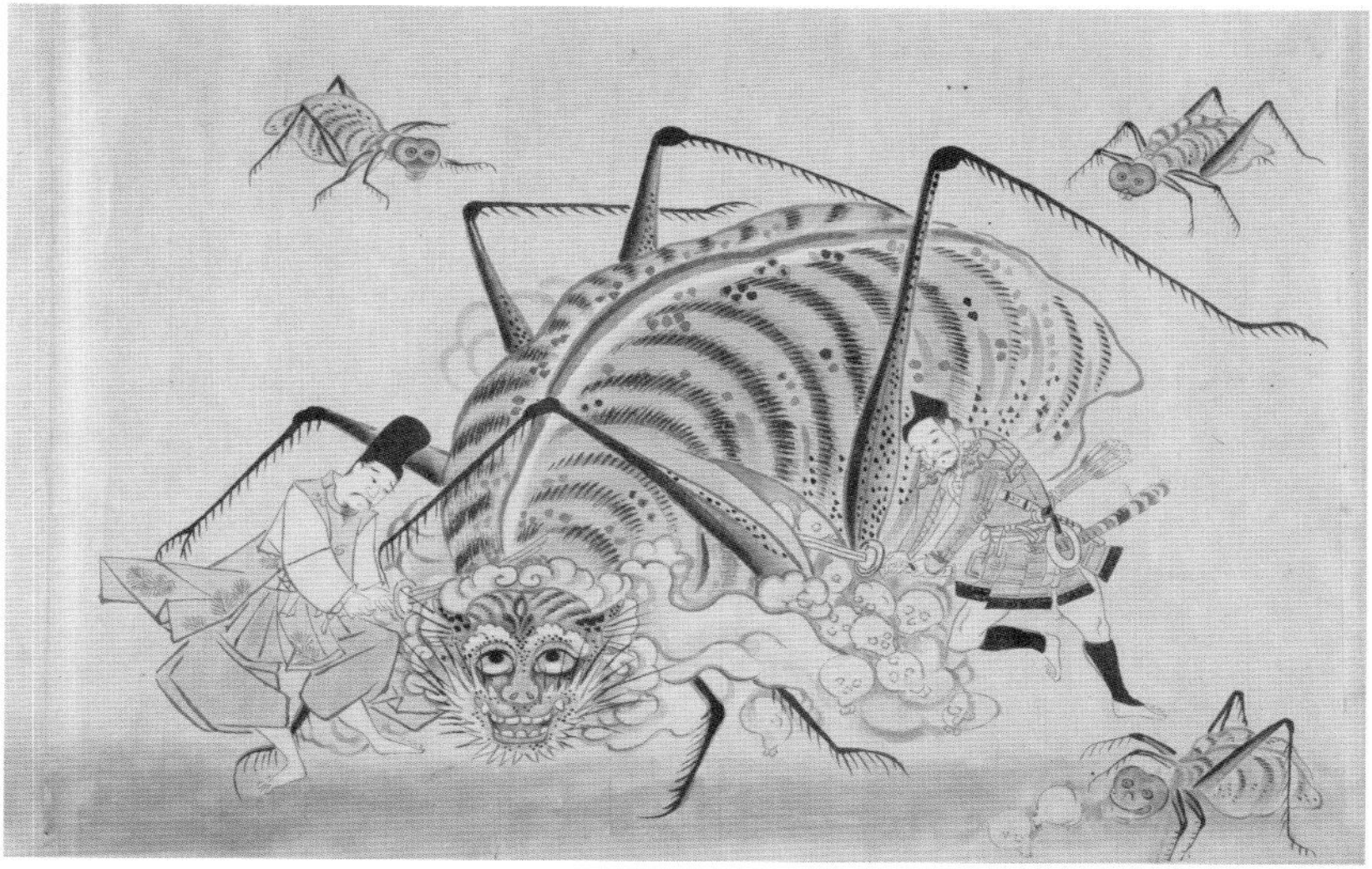

◆土蜘蛛草紙(模本)　東京国立博物館 蔵　画像提供:TNM Image Archives
古くは朝廷に従わない者たちを「土蜘蛛」が呼ばれたが、やがて巨大な蜘蛛の妖怪として描かれるようになった。

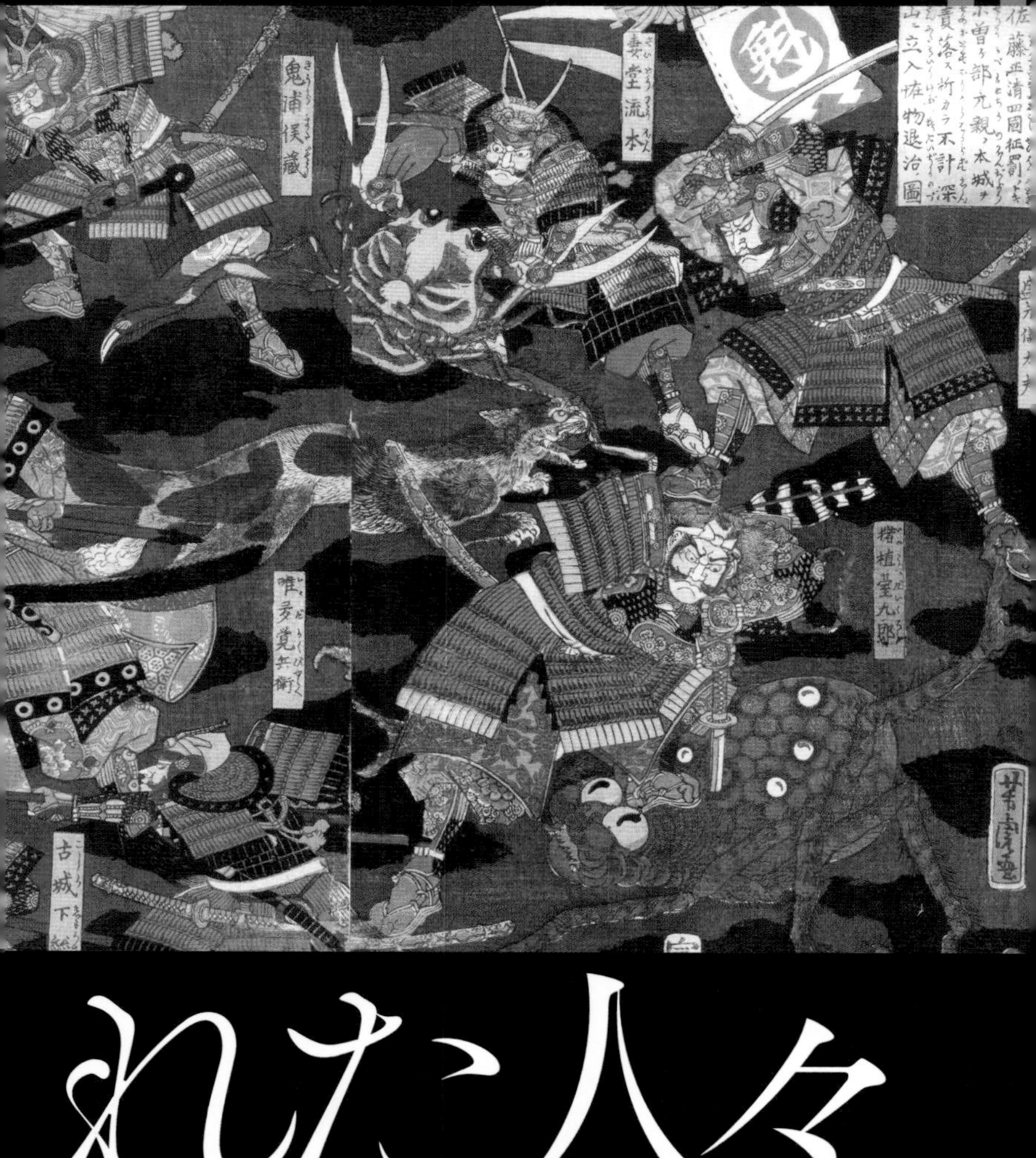

れた人々

鬼は単なる妖怪ではなく、時として人間を「鬼」として蔑み、差別や征服の対象とした。権力者側（朝廷）の武力が増していくと、鬼は得体の知れない怪しい存在から、権力闘争に敗れた反体制者や盗賊、被差別民といった社会のアウトサイダー、朝廷に対する闇の存在とされるようになった。人間社会の枠組みが整備されていったことで、その枠組みに入る者と入らない者とが明確に分けられていき、枠組みから外れた者を鬼として、征討するようになったのである。

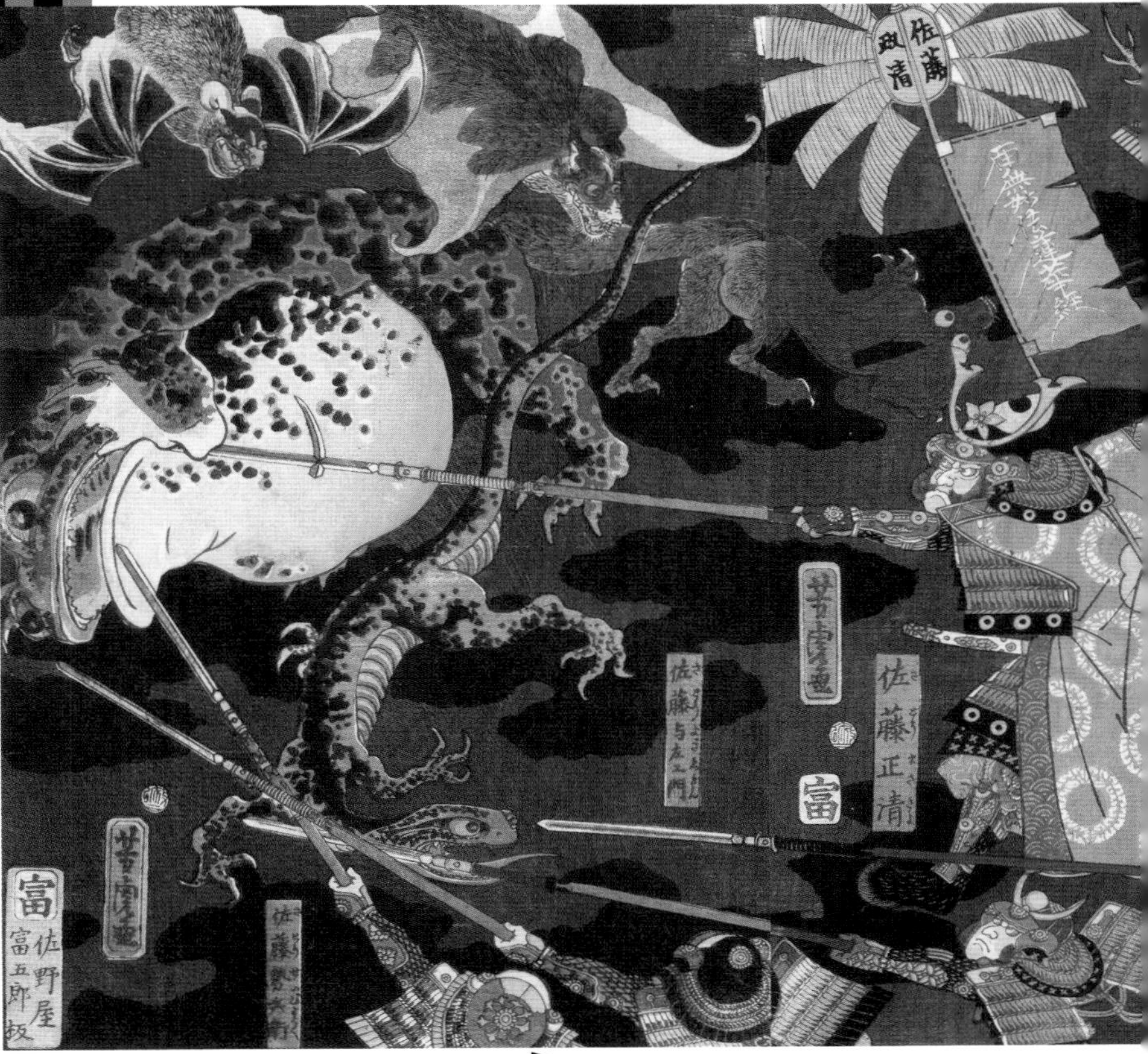

◆**佐藤正清化物退治**
福岡市博物館 蔵
画像提供：福岡市博物館／DNPartcom
佐藤正清とは、戦国時代の武将・加藤清正のことで、四国討伐の際に深山で怪物を討伐する様子が描かれている。

鬼とさ

◆**清水寺縁起絵巻 上巻**　画像提供：TNM Image Archives
坂上田村麻呂の蝦夷討伐を描いた絵巻で、東北の蝦夷の軍勢（左）が鬼のような姿で描かれている。

鬼とされた人々

◆**袴垂保輔鬼童丸術競図**
都を騒がせる大盗賊・袴垂保輔（藤原保輔）と、同じく盗賊で酒呑童子の子どもといわれる鬼童丸が妖術比べをしている様子が描かれている。

◆**月耕随筆「浅茅ヶ原一ッ家」**

◆**中外新聞「髪切の奇談」**

湯本豪一記念日本妖怪博物館（三次もののけミュージアム）蔵

明治維新直前の慶応4年（1868）、番町の武家屋敷で深夜に女中が真っ黒なもののけに襲われ、髪を切られた事件を錦絵にしたもの。

帝都・東京に現れた鬼

鬼は時代のはざまに現れる。鬼とは人の精神が不安定となった際の「疑心暗鬼」が生み出す産物であり、また混乱する社会情勢の中で、社会の枠組みから外れていった人間たちそのものであるからだ。そのため江戸時代から明治への転換点には多くの怪異談が伝わる。文明開化後も鬼は滅びることなく、戦時中には日本と戦った米英軍を、現在では無慈悲な犯罪者を「鬼畜」と呼び、深層心理に鬼の恐怖心が残り続けている。

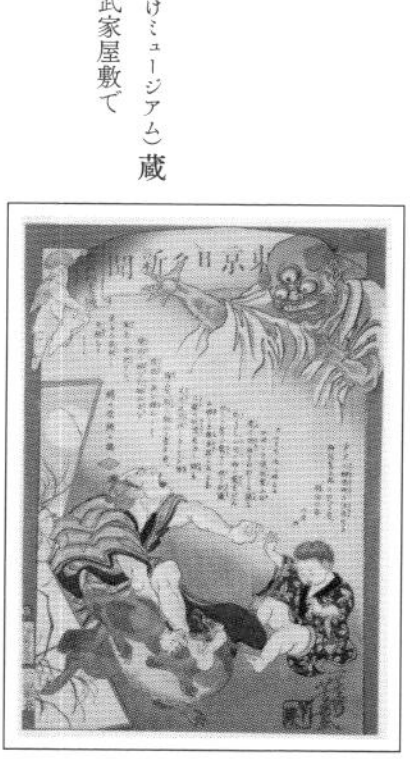

◆**東京日々新聞 四百四十五号**

明治6年(1873)、元柳原町に住む梅村豊太郎のもとに三つ目の妖僧が現れた事件を伝えるもの。

仏の世界の鬼

◆**天燈鬼立像**（模造、右）　**龍燈鬼立像**（模造、左）
東京国立博物館 蔵
画像提供：TNM Image Archives
仏前を照らす燈火を持った鬼で、世界のはじまりと終わりを意味する「阿吽」の表情をしている。

鬼は人々に害悪をもたらす存在、社会秩序の枠組みから外れた者たちとされる。一方で、罪を犯した人間を地獄に連行する獄卒としての鬼や、地獄に落ちた亡者に責め苦を与える牛頭鬼、馬頭鬼など、悪人を取り締まる側としての面が鬼にはある。鬼は仏の世界を守る存在にもなっているのだ。

鬼滅の日本史

JAPANESE HISTORY OF DEMON SLAYERS

宝島社

はじめに
『鬼滅の刃』に描かれた鬼のルーツに迫る

累計8000万部突破の国民的マンガ

鬼ごっこをして鬼から逃げ回り、『桃太郎』の絵本を読んでもらい、節分には鬼に豆を投げる……。鬼は恐ろしくもありながら、子どもにとって身近な存在だ。もっとも大人になって生物としての「鬼」の存在を信じている人は少ないだろう。しかし、令和の時代に大人も子どもも夢中にさせたのは、昔話のひとつに過ぎなかった「鬼退治」の話だ。

『週刊少年ジャンプ』（集英社）に2016年11号から2020年24号まで連載された吾《ご》峠《とうげ》呼《こ》世《よ》晴《はる》先生のマンガ『鬼滅の刃』は、2019年4月からはじまったアニメ放送がきっかけで人気に火がつき、2020年7月にはシリーズ累計発行部数が8000万部を突破、国民的なマンガとなった。

時は大正時代。東京・山梨・埼玉にまたがる雲取山《くもとりやま》を舞台に物語ははじまる。仲の良い家族と平和に暮らしていた少年・竈門炭治郎《かまどたんじろう》は、いつものように街に炭を売りに出た。しかし、翌日家に戻ると家は鬼に襲撃され家族は惨殺されていた。唯一の生き残りである妹の禰豆子《ねずこ》は鬼の血を浴びて鬼になっていた。残酷な現実を目の当たりにしながらも、炭治郎は妹を人間に戻すために、政府非公認の鬼狩り集団・鬼殺隊《きさつたい》に入り、鬼との戦いに身を投じる。そして、家族を殺し、禰豆子を鬼にした張本人である鬼の始祖《しそ》・鬼舞辻無惨《きぶつじむざん》を追い詰めていく。全205話で完結した『鬼滅の刃』はスピード感あふれる戦闘シーンや美しい描写などが高く評価され、少年マンガにもかかわらず女性ファンも多い。

令和の人々の心を打つ新たな鬼退治の物語

「これは、日本一慈《やさ》しい鬼退治。」

『鬼滅の刃』につけられたキャッチコピーは、この物語が単なる「善」と「悪」の戦いではなく、鬼の心と向き合い「悪」の闇に光を当て続けようとする、新たな鬼退治の物語であることを表している。絶対悪と思われた鬼もまた、主人公たちと同じように悲しい過去を持っているなど、敵キャラである鬼の背景も丁寧に描かれていることが、多くの人々の心を打ったのだ。

鬼は人を喰《く》う。これは『鬼滅の刃』に限らず日本の古典にも見られる共通点だ。それは何よりも鬼が人間を超えた、人間よりも上位の存在であり、鬼が人を破滅へと導くものであることを物語っている。

一方で『鬼滅の刃』の独自の設定として、鬼は夜にしか生きられず、日光を浴びると消滅してしまう「弱い存在」としても描かれている。そして鬼は無惨によって、反乱を起こすことがないように大勢で群れることができなくされている。鬼となることで、悲しい過去とともに人間として生きた楽しかった時間を忘れ、夜にしか生きられない、孤独な存在が、『鬼滅の刃』における鬼だ。

『鬼滅の刃』では、鬼殺隊と鬼が似通った過去を持っていることが多い。同じ境遇となっても鬼にならずに生き続ける者と、心の闇に抗《あらが》えずに鬼となる者、同じような過去を持ちながらも別々の道を歩む両者の対比が丁寧に描かれている。

では、日本の歴史において人々は鬼にどのように喰われ、どのように斃《たお》してきたのか。

本書では日本の古典に数多く描かれてきた鬼の物語を紐《ひも》解《と》き、日本人の精神土壌の奥深くにあり続ける鬼の存在を浮かびあがらせることで、『鬼滅の刃』の背景に迫る。さらに主人公たちのキャラクターの背景について、タブー視されてきた差別や捨て子などの日本の闇の歴史から、『鬼滅の刃』の奥深い世界観を探る。

なお本書には、物語の結末を含むネタバレがある箇所があるため、『鬼滅の刃』を読了していない場合は、先に本編を読むことをおすすめする。本書を通じて、新たな視点で『鬼滅の刃』を楽しむきっかけとなれば幸いである。

月耕随筆「鬼ヶ島」
『桃太郎』をはじめ古くから多くの古典で「鬼退治」の物語が伝えられてきた。

鬼滅の日本史

目次

第2章

第3章 隠された鬼滅の暗黒史 …… 95

第4章

新考察『鬼滅の刃』の謎

第5章

あとがき

第1章

『鬼滅の刃』前史❶

人類の捕食者
鬼の誕生

『鬼滅の刃』の鬼のルーツは古典にあった

『鬼滅の刃』の鬼の特徴

『鬼滅の刃』の魅力のひとつは、主人公・竈門炭治郎たちのキャラクターもさることながら、さまざまな過去を持つ個性豊かな鬼たちといえるだろう。すべての鬼の始祖であり、主人公たちの宿敵・鬼舞辻無惨や12人の最上位ランクの鬼たち・十二鬼月《じゅうにきづき》をはじめとする鬼たちは、血鬼術《けっきじゅつ》と呼ばれる妖術を使って主人公たちを苦しめる。

すべての鬼はもともと人間であり、無惨の血を分けられたことで鬼となる。ケガを負っても再生・回復することができ、不老不死である。鬼の力は、無惨から分けられた血の量と食べた人間の数によるとされる。鬼の数少ない弱点は日光であり、もし浴びてしまえば体がボロボロに崩壊して消滅してしまう。そのため鬼たちは夜間にしか行動できない。これらの鬼の特徴を整理してみると、すべて人間と対極の存在といえる。人間は「人以外のものを食べる」「必ず死ぬ」「妖術は使えない」「太陽の恩恵がなければ生きられない」存在といえるからだ。

正史に記録された鬼の存在

人間と鬼とは、真逆の存在である一方で、『鬼滅の刃』の鬼はすべて元人間であり、さまざまな悲しい過去や逃れがたい境遇、自らのコンプレックスなどを持っていたことで、鬼となった。このことをまとめると、鬼とは「普通の人間とは異なる特徴を持ち」「人間の悲哀や欲望といった感情を強く持っている」存在であるといえる。そしてこのような鬼の概念は、古典においても変わらない。

今日、生物として「鬼」が存在することを信じている人は少ないだろう。では、古代や中世の人々はどうだったのか。例えば、9世紀の『日本霊異記《にほんりょういき》』には鬼の説話が載っているが、これらは実話として語られている。また『日本書紀』や『日本三代実録』などの正史（政権がまとめた公式の歴史）にも鬼は登場する。こうしたことから、鬼は実在する恐怖の存在という認識だったことがわかるだろう。

しかし、これらの記録の多くは、権力者によって卑《いや》しめられた抵抗勢力だったり、社会秩序が及ばない山中などに棲む特殊技能を持つ人々、恨みを抱くあまりに狂気を宿した人々であることが多い。現代と異なり、情報が限定的だった古代や中世では、このような異質なものをリアルな鬼として恐れたのだ。

『鬼滅の刃』の鬼が元人間である理由

『鬼滅の刃』に登場する鬼が、人間とは異なる別種の生き物としてではなく、すべての鬼が元人間である設定にしたこととと無関係ではないだろう。どの時代においても、鬼は人間が「鬼」とみなした「人間」なのだ。

これを象徴するのが第14話だ。無惨によって突如、鬼にされた人を押さえ込んだ炭治郎は「この人に誰も殺させたくないんだ!!」と叫ぶ。そこに鬼になりながらも無惨と反目する医師・珠世《たまよ》が現れ、『あなたは鬼となった者にも「人」という言葉を使ってくださるのですね』と語り、助力してくれることになる。相手を鬼と見るかどうかは、見る側によって異なることを象徴的に示しているエピソードといえるだろう。

大日本名将鑑「酒呑童子 源頼光」
同じシーンが描かれているが、酒呑童子の配下は人間として描かれている。

源頼光大江山入之図
鬼の首魁・酒呑童子の配下は、ツノを持つ異形の姿の鬼として描かれている。

昔話の『桃太郎』に登場する鬼ヶ島の鬼たちをはじめとするパターン化された鬼のイメージと、『鬼滅の刃』の鬼たちではだいぶ異なる。実は、頭にツノが生《は》え、虎のパンツを穿《は》き、金棒を持つ鬼は近世に入ってから生まれた比較的新しい鬼の姿である。このような姿の鬼は日本の古典に登場する鬼のほんの一部に過ぎないのだ。社会秩序からはじかれた、あるいは自ら外れた『鬼滅の刃』の鬼たちの姿は、人間社会から「異質なもの」＝「鬼」としてみなされた日本の古典的な鬼の姿といえるのだ。

1600年前にはじまった鬼と人間との戦い

『鬼滅の刃』は大正時代を舞台にしており、設定では鬼の始祖・鬼舞辻無惨は大正時代から約1000年以上前に生まれ、無惨によってあらゆる鬼が生まれたとされる。では実際に日本の古典ではいつから鬼が登場するのか。最も古い鬼の記述は、8世紀に編纂された地誌『出雲国風土記《いずものくにふどき》』に登場する阿用郷《あよのさと》の鬼とされる。

『鬼滅の刃』の鬼は基本的に群れることはないが、無惨をトップに幹部である十二鬼月というランクがある。鬼も人間と同じように組織化されているのだ。古典においても、鬼は組織化して、ヤマト王権の軍勢と衝突する。昔話『桃太郎』の原型となった岡山県の温羅《うら》は、崇神《すじん》天皇の時代の鬼で、現在も遺構が残る鬼ノ城《きのじょう》を根城とした。また仲哀《ちゅうあい》天皇は外国から攻め入った数万の軍勢と戦い、その中に塵輪《じんりん》という鬼がいたという。

阿用郷の鬼は単体で人を襲う化け物だったが、古典における鬼の記述の初期から鬼は、人間と同じように組織化された集団として描かれている。阿用郷の鬼の記述の具体的な年はわかっていないが、温羅や塵輪は4~5世紀の天皇の時代とされることから、約1600年前から鬼と人間との戦いがはじまったことになる。

塵輪は翼を持ち、黒雲に乗って飛来したと伝わる。このような鬼の妖術の進化は止まらない。『太平記』には、平安時代の豪族・藤原千方《ちかた》に仕えた4体の鬼は、洪水を引き起こし、強風を起こすなど、『鬼滅の刃』の血鬼術《けっきじゅつ》さながらの特殊能力を持っていた。

鬼が全盛期を迎えるのは、遷都を繰り返した都の位置が京都に定まった平安時代だ。それまで山中に棲む人外の化け物、ヤマト王権に楯突く抵抗者として描かれていた鬼が、人間味を帯びてくる。『鬼滅の刃』における珠世のように人間側の味方になる者、修行によって人を超えた力を得た者、復讐《ふくしゅう》のために自ら鬼になった者といったように、鬼にさまざまな人格や背景エピソードが語られるようになった。平安京では、百鬼夜行《ひゃっきやこう》と呼ばれる鬼の大量発生が起こり、鬼が人を襲う事件も多発した。

権勢を誇った平安貴族であっても、その災禍から逃れることはできず、恐怖におののいた。鬼は人間よりも強力な人類の捕食者、食物連鎖の頂点として描かれているのだ。

最初の鬼の誕生

神話に描かれた異形《いぎょう》の怪物たち【古代】

鬼に定型の姿はなかった

『鬼滅の刃』には、主人公・竈門炭治郎が最初に倒した比較的人間に近い姿の鬼にはじまり、十二鬼月から鬼舞辻無惨の最終形態まで、実に多彩な姿の鬼が登場する。オニの語源は「隠《おん》」であるともいわれ、古くは姿かたちがなく、目では見ることのできない精霊・もののけのようなものだと信じられていた。『鬼滅の刃』に登場する鬼も定型の姿はない。人を超え、人に害悪をもたらす存在が大きな意味での「鬼」といえるだろう。

8世紀に編纂された日本最古の書物である『古事記』や、同じ頃に編《あ》まれた『日本書紀』『風土記』には、当時いい伝えられていた神話や伝説が記録されているが、そこには鬼のルーツとなるような恐ろしい姿をした異形のものたちが数多く描かれている。

黄泉の国の支配者・イザナミとの共通点

日本の神話に登場する最初の鬼的存在は、日本の国土を生み出した女神・イザナミといえるだろう。国土や神々の母でありながら「火の神」を産んだことで命を落としてしまったイザナミは、腐敗した体で死後の世界に君臨する恐ろしい女神となる。その体には8体もの雷神をまとい、さらには黄泉醜女《よもつしこめ》という黄泉《よみ》の軍勢を自在に操るのだ。「醜」には醜いというほかに、強い、恐ろしいといった意味があり、醜女たちも黄泉の国に棲む鬼の元祖的存在といえる。イザナミの夫であるイザナギが黄泉の国とこの世界とをつなぐ黄泉比良坂《よもつひらさか》を封印したことで生死の世界は分断され、その直後に『鬼滅の刃』の鬼たちの最大の弱点である太陽を司る女神（日の神）・アマテラスが誕生している。

死後の世界＝闇の世界の住人であるイザナミとその配下の軍勢は（すでに死者であるため）死ぬことはない。夜にしか生きられず不死である『鬼滅の刃』の鬼たちとイメージが重なる神話といえるだろう。

最初の鬼・阿用郷の鬼【古代】

最初に現れた鬼は一つ目だった

『鬼滅の刃』における最初の鬼は、すべての鬼の始祖とされる鬼舞辻無惨とされる。無惨の外見は、通常時であれば人間と見分けがつかない姿だ。しかし、古典における最初の鬼は異形の姿だった。『出雲国風土記』には、出雲の大原郡阿用郷に鬼が出没して人間を喰い殺した話が記録されている。これが明確に「鬼」と認識した最古の記録だ。

あるとき里に住む男が山の中の畑で野良仕事をしていると、そこに一つ目の鬼が現れ、この男を捕らえて食べはじめてしまった。一緒にいた男の父母は生い茂る竹やぶに身を潜めたが、捕食される息子を見て動揺したため竹がカサカサと動いてしまう。これを見た男が「動《あよ》、動《あよ》……」と声を出したため、それ以来ここは「阿欲《あよ》（のちに阿用と改称）」と呼ばれるようになったという。鬼は、最初の記録から人を喰う恐ろしい存在だったのだ。

『鬼滅の刃』には、3対の目を持つ上弦の壱《いち》・黒死牟《こくしぼう》、手に目がある矢琶羽《やはば》など目に特

変化絵巻（上巻・部分）　湯本豪一記念日本妖怪博物館（三次もののけミュージアム）蔵
丹波国の武士・津田家の屋敷に現れた怪物。怪異の代表的な存在として、一つ目は絵巻などに描かれ続けた。

徴を持つ者が多い。阿用郷の鬼と同じ一つ目の鬼といえば、上弦の肆《し》・鳴女《なきめ》がいる。鳴女は最終決戦において無限城《むげんじょう》を自在に変化させ鬼殺隊士たちを苦戦させたが、彼女の最大の脅威は、目玉を操る血鬼術による情報収集能力にある。鳴女は、血鬼術によりつくり出した目玉を各地にばらまき、鬼殺隊士の動きを把握、鬼殺隊のリーダー・産屋敷《うぶやしき》家の隠れ里まであばき出している。

『古事記』には雉《きじ》の鳴女という鳥が登場する。この鳥は高天原《たかまがはら》の神々の使いでありながら、主人であるはずの神によって射殺されるという哀れな最期を迎えている。『鬼滅の刃』の鳴女は愈史郎《ゆしろう》の血鬼術にかかり、無惨によって頭を潰され死んでいるが、忠実に主人の指令を果たしながらその主により命を奪われるという運命には悲しい共通性がある。

リアル「手鬼《ておに》」両面宿儺《りょうめんすくな》【古代】

複数の手足を持つリアル「手鬼」

鱗滝左近次《うろこだきさこんじ》に鬼狩りの基礎を叩き込まれた竈門炭治郎が、第6話の最終選別で立ち向かった初めての強敵が「手鬼」と呼ばれる何本もの手を持つ大鬼だ。血鬼術こそ使えないがその腕から繰り出す怪力で炭治郎ら鬼殺隊候補生たちを苦しめた。この「手鬼」と同じように複数の手足を持った異形の怪物が『日本書紀』に記されている。仁徳《にんとく》天皇の時代に飛驒国に現れて人々を苦しめた両面宿儺だ。顔が2つある異形の大男で、2人の人間を背中合わせにはりつけたようなものだったという。ひとつの胴体から手足が4本ずつ生えていて、それぞれに弓矢と剣を持ち略奪を繰り返したとされている。地元飛驒には両面宿儺が岩穴に棲み、多くの手下を従えていたという伝承もあり、仁徳天皇は将軍・タケフルクマを差し向けてこの怪物を討伐させた。

一方で、飛驒には両面宿儺を盗賊ではなく地元の英雄だったとするいい伝えもある。神

稲生物怪録絵巻(部分)　湯本豪一記念日本妖怪博物館(三次もののけミュージアム)蔵
江戸時代中期の三次を舞台にした怪異談で、「手鬼」を彷彿とさせる無数の手の怪物が登場する。

話や『風土記』には、天皇に従わない土蜘蛛《つちぐも》という異形の存在が多く登場するが、これらの人々はいずれも手足が長い、耳が大きい、尻尾があるといった、常人とは異なる身体的な特徴が強調され、洞穴などに棲む野蛮な民とされている。天皇に従わない民を異形の怪物として表現しているのだ。両面宿儺も飛騨地方を勢力圏とする豪族だったのではないかともいわれる。

平安時代以降の古典には、血鬼術のような妖術を使って朝廷の軍団を翻弄《ほんろう》する鬼も登場するが、それに比べると両面宿儺はあくまで身体的な特徴と怪力だけを武器にしており、このことは「手鬼」も同じだ。『鬼滅の刃』においては、格下の鬼である「手鬼」は、古典における初期の鬼と近い存在といえるだろう。

組織化する鬼たち

リアル無限城の戦い・鬼ノ城と温羅【古代】

単体の鬼から組織化した鬼の集団へ

竈門炭治郎が最初に倒した人喰い鬼や最終選別の鬼たちは、人間以上の強さはあっても個別行動をとる一匹狼タイプの鬼だった。鬼が群れない理由として、第18話で珠世が「鬼たちが束になって自分（無惨）を襲ってくるのを防ぐため」と解説している。一方で、無惨は上弦《じょうげん》の月、下弦《かげん》の月というランクを設けており、最終決戦では集団の鬼と鬼殺隊との総力戦になっている。

古典においても鬼は同様の変遷を辿《たど》っている。『出雲国風土記』に記された一つ目鬼のように、当初は単体の異形の怪物が人々を襲う話が多かったが、やがて組織化して悪事を働く鬼たちが現れはじめる。土蜘蛛や蝦夷《えみし》など「まつろわぬ民」とされたものたちはもとから集団だったが、明確に「鬼」とされたもののなかで組織化した最初の例のひとつが、吉備《きび》国（現在の岡山県）に勢力を誇った鬼・温羅である。

城を築いた最初の鬼

現在の岡山県吉備地方の一帯には、温羅にまつわる伝説が膨大に残されている。戦前にこれらの伝説をまとめた『新輯《しんしゅう》岡山県伝説読本』によると温羅は身長が1丈4尺（約4・2メートル）、両目が豺《さい》（ヤマイヌ）のようにらんらんと輝き、ヒゲや髪は赤く、額の上にはツノがあり、口からは上下に互い違いに恐ろしい牙が生えていたという。まさに鬼の形相だ。

温羅は口から炎を吐いて山を焼き、空を飛んで人や家畜を捕えた。根城にしていた吉備の新山には、捕えた人や獣を煮るための1丈（約3メートル）以上もある巨大な釜や、

桃太郎鬼ケ島行
きび団子を持った桃太郎の鬼退治は、吉備津彦の温羅討伐がモデルとされる。

さばいた人肉をかけておくための人掛松《ひとかけまつ》というものまであったという。そのほか、温羅が岩の上に登って扇を仰ぎ海を行く船を引き寄せ積荷を奪う、口から吐いた雲から雷を落として人々を焼き殺す……など、多くの能力が列挙されている。

さらに温羅は鬼ノ城という城を築き一族で生活していたと伝えられる。こうした惨状に吉備国では他国に逃げ出す民があとを絶たず、天皇は吉備津彦《きびつひこ》という皇族将軍を派遣して温羅を討伐させることにした。第139話では、鬼殺隊のリーダー・産屋敷耀哉《かがや》を殺しに鬼殺隊本部に来た無惨が反撃に遭い、鬼殺隊たちとともに無惨の本拠地・無限城へと空間移動する。血鬼術を操り、無限城で迎え撃つ姿は、温羅を彷彿《ほうふつ》とさせる。

リアル無限城の戦い

温羅との戦いで、吉備津彦は強弓を引き絞り矢を射かけるが、温羅も同じように矢を射返してこれをはじきかえす。矢の撃ち合いは延々と続くかに思われたが、吉備津彦は神から知恵を授かり、2本の矢を同時に放つという奇策を実行する。すると1本は温羅に落とされたものの、もう1本が見事に温羅の胸を射抜いた。

温羅は深手を負ったあともさまざまなものに化けて逃げようとするのだが、吉備津彦も同様に変化の術を使って追いかけ、最終的には鯉に化けた温羅が川に飛び込んだところを鵜《う》へと姿を変えた吉備津彦が捕獲。妖術合戦に敗れ温羅はついに退治されてしまうのである。無限城の最終決戦では、炭治郎のヒノカミ神楽《かぐら》による連撃、珠世による毒薬、ほかの鬼殺隊たちからの攻撃を受けた無惨は、鬼の体を消滅させる日光が差す朝が近くになると何もかもかなぐり捨てて逃げに徹する。まさに温羅と吉備津彦の戦いは、この無限城の最終決戦を彷彿とさせる描写だ。

温羅が根城にしたという鬼ノ城は、考古学的には斉明《さいめい》天皇の時代に新羅《しらぎ》・唐連合軍に大敗した朝廷が「本土防衛」のためにつくらせた朝鮮式山城の一種と考えられているが、山中に堅牢な石垣をもつこの城は、恐るべき温羅が棲んだ鬼ノ城であると信じられてきたのだ。

鬼ノ城（岡山県総社市）
ヤマト王権によって築かれたとされる山城だが歴史書に記述がなく、温羅の伝承地として知られる。

仲哀天皇と刺し違えた鬼・塵輪【古代】

鬼との戦いで命を落とす人々

『鬼滅の刃』において、鬼が滅する方法は3つしかない。太陽の光を浴びるか、太陽の光を浴びた特殊な鉄でつくられた日輪刀で首を斬られるか、無惨によって殺されるか、である。太陽の光によって鬼が滅するのは『鬼滅の刃』独自の設定だが、首を斬られることで鬼が絶命する描写は古典にも見られる。もっとも『鬼滅の刃』で首を斬られてもすぐに消滅せず抵抗する鬼は存在するように、首だけになっても抵抗する鬼も存在する。

島根県の石見《いわみ》地方を中心に受け継がれている石見神楽には「塵輪」という演目があるが、この塵輪こそが数万の大軍をひきつれて日本に攻め入ったという異国の鬼で、鎌倉時代頃に書かれた『八幡《はちまん》愚童訓《ぐどうくん》』にも記述がある。塵輪は、翼があって自由自在に空を飛び、体の色は赤く、頭が8つあったという。塵輪は人々を虐殺したため討伐の命が降《くだ》るが、矢を放っても折れてしまい、近づいた者は自害した。こうしたことから仲哀天皇は、自ら5万余りという軍勢を連れ立って対決することを決意し、天鹿児弓《あめのかごゆみ》と天羽々矢《あめのはばや》という神宝をもってこれを迎え撃った。

塵輪は黒雲を駆って現れ天皇と戦うが、最終的には天皇が神の加護を得て空を飛ぶ塵輪にむけて神宝の矢を放った。矢は塵輪の首を射抜き、首は胴体から離れて地に落下した。首は山口県下関市にある忌宮《いみのみや》神社境内に埋められたと伝えられ、現在そこには鬼石と呼ばれる石があり、周囲に結界が巡らされている。

石見神楽の演目「塵輪」
塵輪は仲哀天皇が放った神宝の矢によって討伐されるが、仲哀天皇も流れ矢で命を落とす。

見事、塵輪を斃した仲哀天皇だが、自身も流れ矢にあたり命を落としてしまう。なお仲哀天皇の父は、各地で悪しき神々やもののけ、土蜘蛛を征討したヤマトタケルである。ヤマトタケルもまた都への帰途に伊吹《いぶき》山の悪しき神の毒気が原因で命を落とす。『鬼滅の刃』においても、十二鬼月と差し違える鬼殺隊士が多く描かれている。ヤマトタケル、仲哀天皇親子もまた、古典における鬼討伐の犠牲者といえるだろう。

リアル玉壺《ぎょっこ》・甕《かめ》に封じられた鬼【古代】

甕に封じられた8体の鬼

『鬼滅の刃』には禰豆子や愈史郎、珠世のように人に近い形態を保った鬼もいる一方で、人とも獣とも似つかない鬼も数多く登場している。中でも見た目のグロテスクさが際立つのは、第105話で刀鍛冶の隠れ里を襲った上弦の伍《ご》・玉壺だろう。目と口の位置が入れ替わり、体中から手が生えた軟体動物のような基本形の姿も不気味だが、全身に鱗をまとった半魚人ならぬ半魚獣とでもいった最終形態の姿もいかにも怪物めいている。しかし玉壺の最大の特徴といえばやはり壺だ。古典の鬼の中にも玉壺のように器に縁深いものがいた。

福岡県豊前市はかつて修験道《しゅげんどう》の中心地として栄えた土地だが、市内にある犬ヶ岳にはその昔鬼神が棲み人々を悩ませていたという伝説がある。犬ヶ岳のすぐ隣にある求菩提《くぼて》山は修験霊場として知られた霊山で、この山を開基した修験者・猛覚魔卜仙《もうかくまぼくせん》は、鬼神の話を耳にするとその退治に向かい、法力《ほうりき》によって見事にこれを調伏《ちょうぶく》することに成功した。

鬼神はのちに甕に封じ込められて、甕ごと山頂に埋められた。そして以後はその場所で鬼神の霊が祀られるようになったのだという。鬼は八鬼とも呼ばれ8体いたともいわれる。その鬼の霊を祀った場所が、求菩提山の中腹に鎮座する国玉《くにたま》神社中宮の鬼神社である。

死をもたらす壺の怪奇談

壺に関する逸話はほかにもある。『続古事談《ぞくこじだん》』には、11世紀初頭に不思議な壺の話が残っている。酒や酢をつくる造酒司《みきのつかさ》に大刀自《おおとじ》という大壺があった。普段は醸造のため上部のみを残して地中に埋められていたが、この壺がひとりでに地上に出てきたという。それから間もなく一条天皇が亡くなったことから、この壺の怪は天皇の死の予兆だとされた。

また『今昔物語集』には、同じく11世紀に藤原実資《さねすけ》が大宮大路に小さな油瓶が飛び跳ねながら移動しているのを目撃した。やがてある屋敷に入っていくのを見て、部下に調べさせたところ、若い娘が亡くなったという。行く先々で人々を殺戮《さつりく》し、死体で残忍なアート作品をつくる玉壺さながら、壺や瓶は不幸をもたらす死神のように描かれているのだ。

リアル「沼の鬼」英胡《えいこ》・軽足《かるあし》・土熊《つちぐま》【7世紀】

身体能力から妖術への進化

『鬼滅の刃』に登場する上位ランクの鬼は、血鬼術と呼ばれる超能力を扱う。日本の古典に出てくる鬼も当初は、身体的な特徴が際立っていたが、時代を下るごとに妖術は進化していくようになる。『紙本著色清園寺縁起《しほんちゃくしょくせいおんじえんぎ》』には、妖術を扱う3体の鬼が描かれている。

丹後・丹波地方の伝説によると聖徳太子の父である用明天皇の時代、三上ヶ嶽とよばれていた大江山には、英胡・軽足・土熊という3体の鬼の頭領が棲み、多くの鬼を従えて人々を苦しめていた。英胡・軽足・土熊は空を飛び、海を渡り、岩を砕き、雨を降らせる能力を持っていたという。まさに血鬼術さながらの妖術といえるだろう。

地面に姿を消す妖術

この討伐を天皇から命じられたのが、聖徳太子の弟の当麻皇子《たいまのみこ》である。神仏に願を立てて退治に向かった皇子は、英胡と軽足の2体までは速やかに討ち取ることができたが、残った土熊は岩を砕いて身を隠す妖術を使うため容易に捕えることができない。このとき、皇子は山の中で不思議な老人から献上された1匹の白犬を連れていた。実は老人は神の化身で、白犬は首に鏡をかけていたのだが、皇子がこの鏡であたりを照らすと、鬼の妖術が破られ岩に隠れていた土熊の姿があらわになった。こうして皇子は神の助力を得て最後の1体も退治することができた。

『鬼滅の刃』における3体の鬼といえば、第10話で竈門炭治郎が対決する通称「沼の鬼」だろう。この戦いで炭治郎は初めて血鬼術を目の当たりにする。沼の鬼は3体に分裂する鬼で、沼のような異空間を作り出して、地面や壁に隠れてしまう。土熊の妖術と共通する能力といえるだろう。

リアル血鬼術バトル・藤原千方の四鬼《よんき》【7世紀】

それぞれ特殊能力を持つ4体の鬼

英胡・軽足・土熊の3体の大江山の鬼以後、血鬼術のような奇妙な妖術を使う鬼の伝説は各地で見られるようになる。南北朝時代にまとめられた『太平記』には、用明天皇から百年ほど下った天智天皇の時代に藤原千方という男が現れ、金鬼《きんき》・風鬼《ふうき》・水鬼《すいき》・隠形鬼《おんぎょうき》という4体の鬼を駆使して伊賀・伊勢両国を支配していたという伝説が記されている。

4体の鬼はそれぞれが特殊な能力を持っていた。金鬼は体が金属のように硬く、矢を射ても傷つけることができない。風鬼は城のような建物でさえ破壊してしまうほどのとてつもない風を吹かせることができた。水鬼は水を自在に操り洪水を起こして相手を翻弄する。そして隠形鬼は姿を消す術を使い、文字通り神出鬼没で敵を混乱させるのだ。姿を消す術といえば、『鬼滅の刃』にも愈史郎が用いる「目隠しの術」や「沼の鬼」の血鬼術などが登場する。

妖術対妖術のバトル

朝廷は紀朝雄《きのともお》という武将を派遣して鬼たちの討伐にあたらせた。こうなるとさぞや壮絶なバトルが繰り広げられたのだろうと想像してしまうが、朝廷から討伐を命じられた朝雄は、敵軍にたった一首の歌を送りつけるだけというものだった。

「草も木も我が大君《おおきみ》の国なればいづくか鬼の棲《すみか》なるべし」

この国はすべて天皇のものなのに、反抗するお前たち鬼の棲む場所が一体どこにあるものか、という意味だが、この歌を見た鬼たちは即座に戦いを放棄して千方のもとを離れてしまい、大将の千方も討ちとらせてしまうのである。

愈史郎を鬼にした珠世は、第14話で「惑血《わくち》 視覚夢幻《しかくむげん》の香《こう》」という血鬼術で周辺の人々の気を失わせたり、さらに第18話では血鬼術「白日《はくじつ》の魔香《まこう》」によって、朱紗丸《すさまる》を自白させている。一種の催眠術のようなものだろう。日本では、言葉に霊力が宿る「言霊《ことだま》」という信仰があるが、朝雄が詠んだ歌にも、珠世の術のように相手の意思を操る特殊な霊力が宿っていたのかもしれない。一見、派手なバトルがない地味な結末だが、実際は妖術使いと鬼による術対術の戦いだったともいえる。

自らの意思で鬼になる人々

リアル黒死牟・役小角《えんのおづぬ》【7世紀】

人間から「人ならざる者」になった実在の人物

第177話では、上弦の壱・黒死牟が鬼になった経緯が描かれている。黒死牟は、かつて鬼舞辻無惨を追いつめ、始まりの呼吸「日の呼吸」の使い手である継国縁壱《つぎくによりいち》の双子の兄・巌勝《みちかつ》だった。巌勝は「月の呼吸」の使い手だったが、飛躍的に身体能力が上がる「痣《あざ》者《もの》」になったことで、寿命が短くなってしまった。弟への強烈なコンプレックスを持った巌勝は、弟を超える技を極め「最強の侍」になりたいと願い、永遠の命を求めて無惨の提案に乗って鬼になることを選んだのだ。

同じように、人間を超えた存在を目指した人物がいる。修験道の開祖である役小角（役《えんの》行者《ぎょうじゃ》）だ。役小角は7～8世紀の実在の人物で、3歳で字を覚え、8歳で奈良の官学に入り儒学《じゅがく》を修めた天才だった。30代になると紀伊半島の吉野、大峰、熊野などの山中で修行を重ね、孔雀明王《くじゃくみょうおう》の秘術を体得したと伝わる。

役小角は血鬼術さながらの超能力を持っていた。『日本霊異記』には「役行者の逸話はありすぎて書ききれないため割愛する」と書かれるほどだ。「邪法で人を惑わしている」として伊豆大島に流罪《るざい》となった際には、夜に海上を走り渡り、富士山に登って修行をしたり、前鬼《ぜんき》・後鬼《ごき》という鬼を使役したというエピソードが伝えられる。さらに701年には仙人となって飛び去ったといわれる。仙人とは中国の道教における不老不死の超人のことである。空を自在に飛び、鬼を部下にして、不老不死、まさに鬼そのものといえるだろう。

役行者像　吉水神社 蔵
超人的な力を持った役小角（中央）は、前鬼・後鬼（左右）を従えたと伝わる。

修験者にはツノが生えてくるといわれる

修験道における本尊は蔵王権現《ざおうごんげん》と呼ばれる修験道独自の神で、あらゆる神仏の力を持つとされる。その姿は、忿怒《ふんど》の形相で髪が逆立っており、鬼そのものだ。

修験道の修行を行う修験者は山伏《やまぶし》の格好をしているが、修験道を極めると頭にツノが生えてくるといわれ、修験者がかぶる頭襟《ときん》はこのツノを隠すためともいわれる。修験者と鬼がほぼ同一であることを示すエピソードがある。平安時代の鬼の首魁《しゅかい》・酒呑童子《しゅてんどうじ》を討伐した源頼光《よりみつ》と四天王は、酒を手土産に山伏の格好をして酒呑童子の館を訪れる。酒呑童子は喜び、館に招き入れて酒宴を開いた。このことは、鬼にとって修験者は人間側というよりも鬼側のグループに属していたことを示している。また鬼と同一視される天狗は修験者の守護神とされ、修験者と同じ山伏の格好をしている。修験道は、山中での修行を通して、人を超えた存在＝「鬼」や「天狗」になることを目指すものといえるだろう。

修験道の開祖・役小角は、山中の修行を通して、人を超えた存在となった最初の人物だといえる。弟を超える力を求めて鬼となった黒死牟と同じように、役小角は自らの意思で「人ならざる者」になったのだ。役小角が姿を消してから約１１００年後の１７９９年、

「神変大菩薩《じんぺんだいぼさつ》」の諡号《しごう》が贈られた。一方の黒死牟は悲しい最期を迎える。当初は、3対の目を持つ異相をしていながらも体は人のような姿をしていた黒死牟だが、無限城における最終決戦で鬼殺隊に追いつめられていき、やがて全身から刃が生え、無数のツノを持つ化け物となってしまった。自ら望んだ「最強」となった時、刀に映った自分の姿に黒死牟は驚愕《きょうがく》する。「何だこの醜い姿は……」「侍の姿か？これが」「これが本当に俺の望みだったのか？」と自問自答しながら、黒死牟は鬼殺隊に敗れた。

新形三十六怪撰
「小早川隆景 彦山ノ天狗問答之図」
福岡県・英彦山の天狗で、修験者の装束を着た姿で描かれている。

明治時代に修験道は禁止されたが現在は復活し、多くの修験者が修行を行っている。同じように「人を超えた存在」を目指した両者だが、役行者は修験道の開祖として現在も信仰されている一方、黒死牟は自ら望んだものになることはできなかったのである。

鬼となって復讐する人鬼

リアル累《るい》・八郎満胤《はちろうみつたね》【8世紀】

大蛇となって兄に復讐した弟

役小角は人間を超えた存在を目指した人物だが、復讐のために鬼になることを自ら選択した者もいる。『神道集《しんとうしゅう》』には大蛇となって裏切った兄たちへ復讐をする八郎満胤の逸話が記されている。満胤は地頭《じとう》の8人兄弟の末っ子に生まれた。兄よりも学問、芸能、武芸とあらゆる分野で優れており、父親は満胤を地方官に任命し群馬郡を支配させた。父の死後、嫉妬した兄たちは満胤を夜間に襲い、その遺体を蛇食池《へびくいいけ》の高井の岩屋に捨てたという。不遇の死を迎えた満胤の霊は、3年の間に池の竜王や伊香保池、赤城池の龍神と親しくなり、大蛇となった。そして神通力を得て兄たちを家族もろとも皆殺しにする。朝廷はその後、20年にわたり生贄《いけにえ》を捧《ささ》げたが、ある時、生贄の姫の身代わりに岩屋を訪れた宮内判《くないほう》官宗光《がんむねみつ》が法華経を読むと怨念がなくなり、八郎大明神として祀られるようになった。

『鬼滅の刃』の鬼の中でも家族へのコンプレックスを持っている者は多くいる。中でも家族に固執した鬼の代表は、蜘蛛の姿をした擬似家族をつくった下弦の伍・累だろう。第43話では累の過去が描かれている。病弱だった累は鬼舞辻無惨からの誘いに乗り鬼となった。両親は一家心中を図るが先に累に殺害される。そこへ無惨が「全てはお前を受け入れなかった親が悪いのだ」という。

嫉妬から殺された満胤は、兄たちのみならずその一族すべてを殺す。そして、新たな家族を求めるかのように毎年生贄を受け取った。満胤と累のエピソードは家族間の愛憎《あいぞう》と執着がベースとなっているのだ。

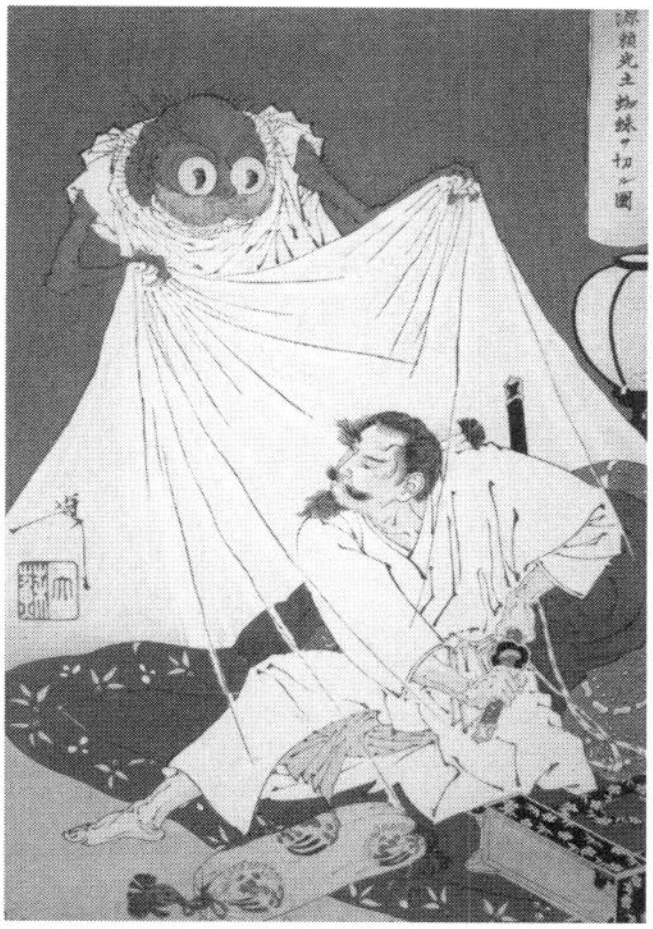

新形三十六怪撰
「源頼光土蜘蛛ヲ切ル図」
古くは朝廷への反乱者が土蜘蛛と呼ばれ、絵巻や浮世絵には大蜘蛛の妖怪が多く描かれている。

鬼となった女・宇治《うじ》の橋姫《はしひめ》【9世紀】

鬼とならざるを得なかった女性

『鬼滅の刃』には女性の鬼が多い。上弦の陸《ろく》・堕姫《だき》、上弦の肆・鳴女、新下弦の壱・魘夢《えんむ》、下弦の肆・零余子《むかご》のほか、幹部以外の鬼にも朱紗丸や蛇鬼《へびおに》などがいる。女性は男性よりも情が深いと考えられたことから、古典では愛憎のあまり女性が鬼へと変わる逸話が多く残っている。その典型例といえるのが丑《うし》の刻《こく》参りによって鬼となる話だ。

『平家物語』には、嫉妬深い公家の娘が、貴船《きぶね》神社に参拝して「生きながら鬼にしてほしい」と7日間籠《こも》った。すると貴船明神からお告《つ》げがあり、鬼になる方法を伝授されたという。その方法とは、人に見られないように髪を5つに分けて松ヤニで固めてツノにし、顔や体を赤く塗る。頭には五徳《ごとく》の金輪を載せて2本の松明をつけて、1本を口にくわえる。そして宇治の河瀬に浸り21日間水垢離《みずごり》をするというものだった。こうして女は生きながら鬼になった。この逸話によって、女性が嫁入り前には宇治橋を渡ってはいけないといわれる。

なおこの鬼女はその後も生き続けて羅城門《らじょうもん》（羅生門《らしょうもん》）に棲みつき、頼光四天王のひとりで数多くの鬼斬りの伝説を持つ渡辺綱《つな》によって、腕を斬られた。

『堤中納言物語』の中にある「虫めづる姫君」の一文には「鬼と女とは人に見えぬぞよき」とある。これは、「鬼と同じように女性は人前に出てこない方が奥ゆかしくて良い」という意味であり、中世における女性観を端的に表している。

男性ならば、鬼にならなくても相手に対して社会的に復讐ができる。しかし、中世の女性は家や夫に束縛され、耐え忍ぶ存在であり復讐する方法がない。ため込んだ情念が鬼となることへと向かうのだ。

御代参丑時詣
宇治の橋姫は男への愛憎から丑の刻参りを行い、生きながら鬼と化した。

ただし、『鬼滅の刃』に出てくる女性の鬼はクールなタイプが多い。むしろ男性の鬼の方が過去や強さへの固執、コンプレックスを抱えている。中世と現代社会における男性観・女性観が鬼の性格から見ることができる。

リアル蛇鬼・清姫《きよひめ》【10世紀】

愛憎から大蛇となった女性

第188話では、蛇柱・伊黒小芭内《いぐろおばない》の過去が明らかになった。そこに登場するのが、「下肢が蛇のような女の鬼」である蛇鬼だ。伊黒一族はこの蛇鬼が人を殺して奪った金品で生計を立て、その代わりに赤ん坊が大好物の蛇鬼に自分たちが生んだ赤ん坊を捧げていた。

鬼心から大蛇となった女性で有名なのが、『今昔物語集』や浄瑠璃『道成寺現在蛇鱗《どうじょうじげんざいうろこ》』などに登場する清姫だろう。延長6年（928）、安珍《あんちん》という美形の僧侶が熊野詣でを行った際に、熊野国造《くにのみやつこ》である庄司清次の家に宿を求めた。清次の娘である清姫は安珍に一目惚れをして、ちぎりを結ぶように迫るが安珍は参拝の帰りにまた必ず立ち寄るといって去り、そのまま帰ってしまった。安珍を追った清姫は再会を果たすが、安珍は別人だといって再び逃げ出した。愛憎が頂点に達した清姫は、やがて口から火を吐く大蛇へと姿が変わったという。安珍は日高川を渡り、道成寺に逃げ込んで鐘の中に隠れるが、大蛇となった清姫は鐘に巻きつき安珍を焼き殺してしまった。

本来、伊黒も蛇鬼に赤ん坊のうちに喰われるはずだった。しかし、女の子しか生まれなかった伊黒家に３７０年ぶりに生まれた男の子であり、瞳の色が左右異なる色をしていたため、蛇鬼に気に入られ大きくなるまで生かされた。しかし、12歳の時に伊黒は逃亡。蛇鬼は伊黒の後を必死に追いかけるが、駆けつけた炎柱によって蛇鬼は斃され、伊黒は命が助かった。伊黒の出身は八丈島とされるが、日本には女性しか住まない女護《にょご》ヶ島《がしま》という伝説があり、八丈島を女護ヶ島にあてた話もある。伊黒家に男の子が生まれない設定はここからきたのだろう。逃げる男と大蛇の女、伊黒に対する異常な執着、そして炎によって命を落とすなど、清姫の伝説は伊黒と蛇鬼のエピソードと共通点が多い。

新形三十六怪撰「清姫 日高川に蛇躰と成る図」
清姫は一目惚れした男に振られ、愛憎から大蛇となった。

女を好んで食べる鬼一口《おにひとくち》【8〜9世紀】

古典に登場する巧妙な手口を持った鬼

『鬼滅の刃』で女を好んで食べる鬼として、上弦の弐《に》・童磨《どうま》や「沼の鬼」などがいる。第11話で、竈門炭治郎から攻撃を受けた「沼の鬼」は「この町では随分十六の娘を喰ったからな」「どれも肉付きが良く美味だった」といっている。古典においても、当初は怪物として登場した鬼がやがて言葉巧みに女性を騙《だま》し、襲い食べる鬼の犯罪が登場する。

『日本霊異記』や『今昔物語』には8世紀の聖武天皇の時代に、万《よろづ》の子と呼ばれる鬼の犠牲者の話がある。万の子は美貌で知られ、多くの男性から結婚の申し出を受けるがことごとく断っていたが、高貴な身分の男性に心を許し、初夜を迎えた。すると夜半、「痛きかな」という叫びが3度ほど聞こえた。父母は初めての交わりで痛いのだろうと思って気にせず寝てしまった。しかし、朝に両親が部屋に入ると娘は頭と指1本を残して喰い殺されていた。

正史『日本三代実録』にも似た話がある。9世紀、京都の大内裏近くにある小松原を美しい女性が3人連れで歩いていたところ、松の木陰から美貌の男が現れ、女性のひとりを呼び出した。やがて声がしなくなったので連れの2人の女性が様子を見に行くと、女性の手足だけが落ちていた、という。また『伊勢物語』や『今昔物語』には、9世紀の公家・在原業平《ありわらのなりひら》の想い人の話がある。業平が美しい女性に恋をして求婚したが、両親が許さなかったのでその娘を連れ出した。山科《やましな》の校倉《あぜくら》で休んでいるところ雷が鳴ったので娘を隠した。雷鳴がおさまり娘を迎えにいくと頭ひとつを残して、鬼に喰い殺されていた。この女性は藤原高子とされている。この『伊勢物語』の説話から、人をひと口で喰らう鬼として鬼一口と呼ばれる。

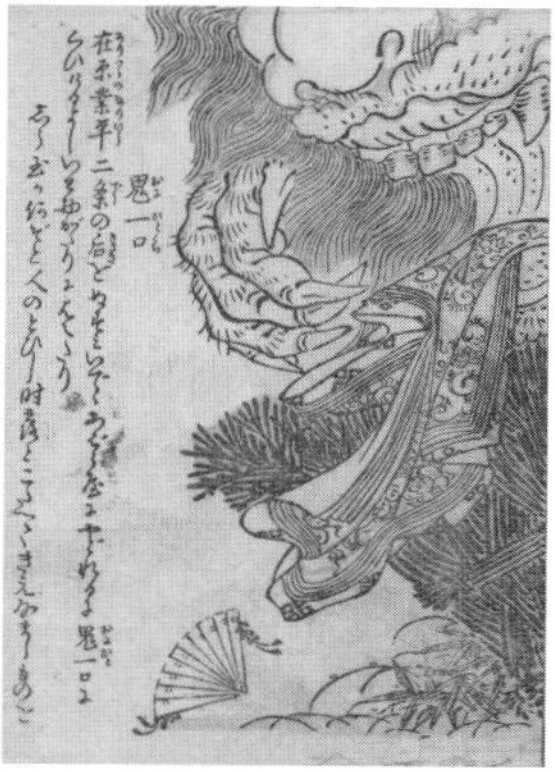

百鬼夜行拾遺「鬼一口」
古典には女性を喰う鬼が多く現れ、姿を変えたり、贈り物をするなど、計画的な犯罪が描かれている。

リアル無限城の鬼・百鬼夜行【10世紀】

都を跋扈《ばっこ》したバリエーション豊かな鬼の行列

『鬼滅の刃』第140話には、鬼舞辻無惨によって無限城に空間移転させられた竈門炭治郎たちに大量の鬼が襲ってくる。ここで描かれている鬼のように、『百鬼夜行絵巻』には大量に発生した鬼が京の都を練り歩く姿が描かれている。

『大鏡《おおかがみ》』には、藤原師輔《もろすけ》が夜半、大内裏の帰路に百鬼夜行に遭ったと記されている。この時の百鬼夜行は従者には見えず、陰陽師《おんみょうじ》である師輔にしか見えないものだった。『百鬼夜行絵巻』には、あらゆるモノに神が宿るとする日本で古くからある信仰から、使い古さ

百鬼夜行絵巻
鬼の中でも低いランクとされる百鬼夜行の鬼たちは、人間とは大きく異なる姿をしている。

れた鍋やしゃもじ、琵琶や太鼓などの楽器などが鬼となって街を歩く様子が描かれている。

下弦の陸・響凱《きょうがい》は体の肩・腹・脚に太鼓が埋め込まれた異形の姿であり、この太鼓を叩くと空間移転する血鬼術を持っている。また同じような血鬼術を持つ上弦の肆・鳴女は琵琶を奏でることで空間移転する。師輔が見たように、百鬼夜行は現実社会と目に見えない神仏・精霊の世界が交差した際に現れる。響凱や鳴女が楽器を用いて空間移転させる血鬼術は、百鬼夜行の世界観に共通するものだ。

『鬼滅の刃』では、鬼はすべて元人間だが、無限城で大量発生した鬼たちは、形が崩れ、人の原型を留めていない妖怪のような姿をしている。古典における百鬼夜行の鬼たちも、鬼の中ではランクの低い部類と考えられていた。無限城で出てきた鬼たちは主人公たちにとっては「雑魚《ざこ》キャラ」であり、百鬼夜行の鬼たちと通じるものとして用いられたのだろう。

人と鬼の間に生まれた半鬼半人《はんきはんじん》

リアル愈史郎・鬼の子小綱《こづな》

人の前から姿を消した鬼と人の間の子ども

当初は人を襲ったり食べたりする正体不明の化け物として古典に描かれていた鬼だが、やがて人間性を持ちはじめ、中には人間との間で子どもをもうける者も現れはじめた。代表的な例が、鬼の子小綱と呼ばれる、鬼と人間の女性との間に生まれた子どもで、ほぼ全国的に同じような伝承が残っている。

鬼にさらわれた娘が鬼の妻となり、やがて子どもを身ごもった。娘を探して鬼ヶ島へやってきた年老いた父は、娘と生まれた子どもとともに舟で脱出する。しかし、鬼が川の水を吸い込んで舟を引き寄せようとしたため、娘がお尻を叩くと鬼は笑い出して水を吐き出してしまう。こうして3人は鬼から逃げることに成功するのである。しかし、この鬼と人の子である小綱は成長するにつれて、人間を食べたくなるようになったため、人間社会で暮らすことができず里を追われることになった。

『鬼滅の刃』で人間の味方をする鬼・愈史郎も、同じような過去を持つ。『鬼滅の刃』では、すべての鬼は鬼舞辻無惨の血を分けられることで鬼となった者たちだ。唯一の例外が、無惨に復讐することを願う鬼・珠世によって鬼となった愈史郎である（第15話）。愈史郎はほかの鬼とは異なり、少量の血があれば人間を食べる必要がない。『鬼滅の刃』に登場する鬼の中で最も人間に近い鬼といえる。最終話である第205話では、愈史郎が謎の多い絵師として現代まで生き続けている描写がある。「謎の多い」とされていることから人と積極的に交わらない暮らしをしているのだろう。

愈史郎の血鬼術は視界に関連したもので、人や建物に呪符《じゅふ》を貼ることで見えなくさせる「目隠し」などがある。人々から追われ姿を消した小綱と、人々から見えなくなる術を持つ愈史郎、半鬼半人の悲哀が両者から感じられる。

コラム

今も生き続ける鬼の子孫

修験道の開祖・役小角は前鬼と後鬼という夫婦の鬼を使役したが、その鬼の子孫が現在も残っている。役小角のもとで修行をした前鬼・後鬼夫婦は、やがて「ここまで修行したのだからお前たちはもう鬼ではない。人間として暮らしなさい」と役小角にいわれ里に下りて暮らしはじめた。その地が奈良県吉野郡下北山村前鬼である。やがて前鬼と後鬼のもとには、五鬼熊《ごきぐま》、五鬼童《ごきどう》、五鬼上《ごきじょう》、五鬼継《ごきつぐ》、五《ご》鬼助《きじょ》という5人の子どもが生まれた。そして子どもたちの子孫は代々、修験者のための宿坊を営んだという。しかし、明治時代の修験道廃止令によって修験者は激減し、現在残っているのは五鬼助の子孫が営む小仲坊の宿坊のみである。現当主は五鬼助から数えて61代目にあたり、現在も修験者を迎え入れている。

仏像図彙「前鬼・後鬼」
2人の夫婦鬼から5人の子どもが生まれ、その子孫は現在も修験者のための宿坊を営んでいる。

第2章

『鬼滅の刃』前史❷

実録
人類VS.鬼

鬼に喰われる側から鬼を斃す側へ

社会からはじかれた者たちが鬼となる

それまで人間は一方的に喰われる側だったが、平安時代の後期になると鬼は絶対的な力の象徴ではなく、人間によって討伐可能な存在へと変わっていった。それまで陰陽師たちによって鬼を祓《はら》い、鬼の侵入を阻んできたが、より積極的に鬼の排除を行うようになったのである。武士の台頭で日本が動乱期を迎える中で、鬼は得体の知れない怪しい者から、権力闘争に敗れた反体制者や盗賊、被差別民といった社会のアウトサイダー、朝廷に対する闇の存在たちが鬼として「邪神《あしきかみ》」「姦鬼《かしましおに》」と呼ばれるようになった。

『鬼滅の刃』に登場する鬼たちは、すべて元人間だがその過去は、体が弱かったり、犯

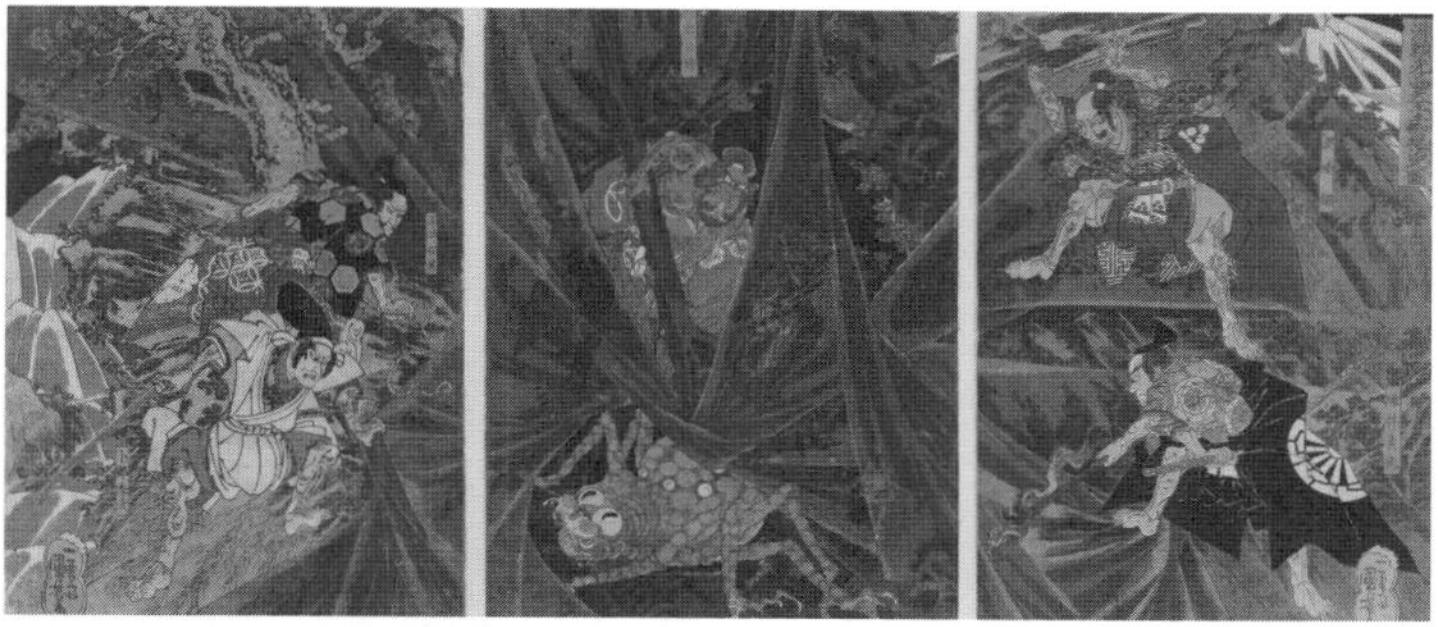

源頼光の四天王土蜘蛛退治之図　浅井コレクション 蔵
画像提供：Cool Art Tokyo／DNPartcom
朝廷に従わないものは「土蜘蛛」と呼ばれたが、浮世絵には実際に妖怪としての姿で描かれた。

罪者だったり、遊女であったりと、社会的に差別を受ける立場の者たちが多い。そのような者たちが、社会的な復讐や人間の時には得られなかったものを鬼の力で得ようとする物語となっている。

平安時代後期以降の鬼（鬼とみなされた人）も、人間のコミュニティの中に居場所を見いだせずに社会のアウトサイダーとなり、自分たちだけのコミュニティを構築していった。しかし、それは一般の人間社会の人々からみれば脅威でしかなく、時として権力側が「鬼」とみなして討伐する対象となった。

人間が喰われる側から斃す側へと変化していった経緯は、権力や行政機構の力が強くなり人間社会の枠組みが整備されていったことで、その枠組みに入る者と入らない者とが明確に分けられていった現れといえるだろう。

鬼を討伐した歴史上の英雄たち

受け継がれる「鬼切」の精神

それまで鬼に喰われる犠牲者や鬼と遭遇した者の多くは、一般庶民や地方の行政官の娘といった人々だった。しかし、人間が鬼を討伐するようになると、実在の歴史上の人物が登場するようになる。現実社会において、功名を成した人物が、闇の者たちに対してもその強力な武力を発揮したのである。

後世には武士の棟梁《とうりょう》的な称号となった征夷大将軍に初めて任命された坂上田村麻呂《さかのうえのたむらまろ》は、「征夷」の字の通り、東北地方の蝦夷を征伐した人物だ。日本三大怨霊のひとりにも数えられる平将門《まさかど》を討った藤原秀郷《ひでさと》は、百目鬼《どうめき》や大百足《むかで》などの化け物退治の話が残っている。

鬼の討伐で最も有名な人物は源頼光だ。権勢を極めた藤原道長《みちなが》の側近として仕えた人物である。弓術の名手で、配下の「頼光四天王」とともに多くの鬼や妖怪を討伐した。なお父・満仲《みつなか》は長野県の戸隠山で人々に害を及ぼしていた鬼を討伐した逸話が残っている。また頼光の子孫（玄孫《やしゃご》）の源頼政は、頼光から受け継いだ弓で、近衛天皇の御所に毎夜現れるもののけ・鵺《ぬえ》を射抜いたといわれる。なお、坂上田村麻呂が鈴鹿御前と戦った際に用いた刀は、源満仲へと渡り戸隠山の鬼討伐に用いられ、さらに源頼光、そして頼光四天王のひとり・渡辺綱の手へと渡って、それぞれ鬼を斬ったことから、「鬼切《おにきり》」と呼ばれる。

『鬼滅の刃』の第１３７話では、最初の鬼・鬼舞辻無惨を１０００年以上前に生み出した産屋敷一族の代々の当主が、無惨を斃すことを受け継いできたことが描かれている。古典においても鬼討伐は刀とともに受け継がれていったのである。

和漢百物語「田原藤太秀郷 瀬田之龍女」
関東で乱を起こした平将門を討伐した藤原秀郷は、多くの鬼やもののけを討伐したエピソードが残っている。

リアル継国縁壱・坂上田村麻呂【9世紀】

鈴鹿山の鬼・大嶽丸《おおたけまる》との戦い

田村麻呂をモデルにした「坂上田村丸」の鬼退治

『鬼滅の刃』に出てくる身体能力を向上させる術「呼吸」は、すべて「日の呼吸」から派生したものである。この「日の呼吸」の使い手だった最強の剣士・継国縁壱がほかの剣士に技を伝えたことで、さまざまな「呼吸」が生まれた。いわば縁壱は、「呼吸」の始祖ともいうべき人物である。平安時代初期に活躍した坂上田村麻呂は、日本の武家社会における縁壱のような存在だ。桓武《かんむ》天皇から征夷大将軍に任じられて東北の蝦夷を征討するなど、さまざまな武勇伝を残した。ちなみに、縁壱は直立したまま絶命したが（第１７４

話)、田村麻呂は死後、立ったまま柩《ひつぎ》に納められて埋葬されている。

「平安京の守護神」「将軍家の祖神」として称えられた田村麻呂には、さまざまな怪異退治伝説がある。また、彼と藤原利仁《としひと》(平安時代前期の鎮守府将軍)をモデルにしたとされる「坂上田村丸」が登場した物語も多い。特に有名なのが、鈴鹿山に棲む鬼を田村麻呂(田村丸)が退治した物語である。現在の三重県亀山市と滋賀県甲賀市の境にあった鈴鹿山は古くから交通の要所だったが、盗賊の被害も多く、鬼の棲み家とされてきた。

この地には鈴鹿御前という女性が住んでいたという伝承があるが、その人物像は文献によって異なる。「立烏帽子《たてえぼし》」という女盗賊だったといわれる一方で、御伽草子『田村の草子』では天女として描かれており、田村丸とちぎりを交わしている。

『田村の草子』には、大嶽丸という背丈10丈(約30メートル)の鬼を田村丸が退治した物語も描かれている。田村丸は朝廷から討伐を命じられたが、大嶽丸は三明《さんみょう》の剣に守護されていた。そこで鈴鹿御前が大嶽丸に近づき、三明の剣をまんまと騙し取った。隙ができたところで田村丸が大嶽丸を討伐し、魂魄《こんぱく》となった大嶽丸は天竺《てんじく》へと逃れた。その後、生き返った大嶽丸は陸奥国霧山を拠点にして乱し始めたが、再び田村丸に討たれた。大嶽丸の首は、平等院にあったとされる「宇治の宝蔵」に収蔵されたという。

蝦夷の悪路王《あくろおう》との戦い

鹿島神宮の宝物殿に収められた悪路王の首と首桶

東北地方には坂上田村麻呂による鬼退治の伝承の中で有名なのが、「悪路王」の退治談である。鎌倉時代の歴史書『吾妻鏡《あづまかがみ》』には、「坂上田村麻呂と藤原利仁が蝦夷の首長だった悪路王を討った」とある。また、奥州藤原氏を滅亡させた源頼朝が鎌倉へ帰還する際、悪路王が砦・達谷《たっこく》の岩窟（現在の岩手県平泉町）を通ったことも記されている。これらの記述が脚色され、「悪逆非道な鬼」とされたと考えられる。

田村麻呂の蝦夷征討は、延暦22年（８０３）の志波城築城をもって一応の終結を迎えた。だが蝦夷の人々が、租税など中央の仕組みをすんなりと受け入れたとは考えにくい。達谷の岩窟は要害ではなく、田畑が広がる平地の山かげにあったので、耕作をしながら最後まで抵抗したものと思われる。茨城県鹿嶋市にある鹿島神宮の宝物殿では、悪路王の首と首桶が収められ、悪路王は田村麻呂に討伐された蝦夷の指導者・阿弖流爲《あてるい》としている。

また、戦国大名の伊達政宗《まさむね》が田村麻呂の後裔《こうえい》である田村氏の娘を正室としたことから、仙台藩では悪逆な悪路王を討った田村麻呂を称賛する奥浄瑠璃『田村三代記』が人気を得た。この作品には『田村の草子』に出てくる大嶽丸も登場し、田村麻呂をモデルにした坂上田村丸が陸奥国霧山から姿を消した大嶽丸を討伐している。田村丸は篦岳《ののたけ》山、牧山、富山、大嶽山に、大嶽丸の首、胴、足、手を埋めたという。

ほかにも、岩手県には「魔王丸」という鬼が田村麻呂によって討たれた伝承がある。首を斬り落とした刀を洗った場所は、「洗い田」と呼ばれる。さらに、山形県には性別を変えて人を騙す「杉化け石」という妖怪を、田村麻呂が斬ったといういい伝えもある。これらのほとんどは後世のつくり話だが、それだけ東北地方で田村麻呂の存在感が強かったことがうかがえる。

月百姿「音羽山月 田村明神」
音羽山は清水寺のことで、坂上田村麻呂によって寺院が建立された。境内には、阿弖流爲と母礼の慰霊碑がある。

平安時代の「柱」・藤原秀郷【10世紀】

リアル黒死牟・百目鬼との戦い

最強の怨霊・平将門を討った藤原秀郷

顔面に3対6つの目を持つ上弦の壱・黒死牟は、第176話で、鬼殺隊に追いつめられ体から無数の黒刀が生えた異形へと変化する。栃木県宇都宮市の伝説に登場する百目鬼は、黒死牟と同じような姿が伝えられる。平安時代、藤原秀郷のもとに老人が現れ、「北西にある兎田に行きなさい」と告げる。秀郷が兎田へ向かうと、百の目を持ち、刃のような髪を生やした身の丈1丈（約3メートル）の鬼と出くわす。秀郷が果敢に弓で射たところ、鬼は逃げ明神山で倒れたが、毒気と炎を放ち続けて人々を困らせた。そこで本願寺の智徳上人が呪文を唱えたところ、百目鬼は人の形をした死骸になった。以来、この地は百目鬼という地名になったという。

『俵藤太《たわらのとうた》物語』の大百足退治も有名である。近江国瀬田の唐橋に20丈（約60メートル）の大蛇が横たわっていたが、秀郷は大蛇を踏みつけ、橋を渡り切った。それからまもなく、琵琶湖の竜宮の使いが現れ、秀郷に大百足退治を懇願する。秀郷は夜半過ぎに現れた巨大な百足の化け物に強弓で射かけるが、跳ね返されてしまう。それでも、百足にとっては毒となる唾をつけた3本目の矢が百足の眉間を貫いた。

秀郷は、平将門を討った人物としても名高い。天慶《てんぎょう》2年（939）、挙兵して関東を制圧した将門は「新皇」と称し、都の人々を震え上がらせた。だが翌年、秀郷は平貞盛らとともに将門と戦い、見事討ち果たした。このとき、秀郷は宇都宮大明神から授かった霊剣で将門を討ったともいわれる。

俵藤太秀郷繪巻
藤原秀郷は百目鬼や龍宮の大百足など、化け物を退治した逸話が残っている。

リアル鬼殺隊・源頼光と四天王【10世紀】

鬼の首魁・酒呑童子との戦い

古典に記された源頼光と四天王の活躍

数ある鬼退治伝説の中で最も有名なのが、源頼光とその家臣たちによる大江山の酒呑童子退治である。彼らはほかにも多くの鬼を退治しており、〝リアル鬼殺隊〟ともいうべき存在である。頼光は平安時代中期の武将で、清和源氏の3代目にあたり、弟の頼信《よりのぶ》の子孫に鎌倉幕府を開いた源頼朝がいる。摂関政治の最盛期を築いた藤原道長の側近として仕え、貴族的な側面もあった。

頼光には、四天王（渡辺綱、坂田金時《きんとき》、碓井貞光《うすいさだみつ》、卜部季武《うらべのすえたけ》）と称される家臣たちがい

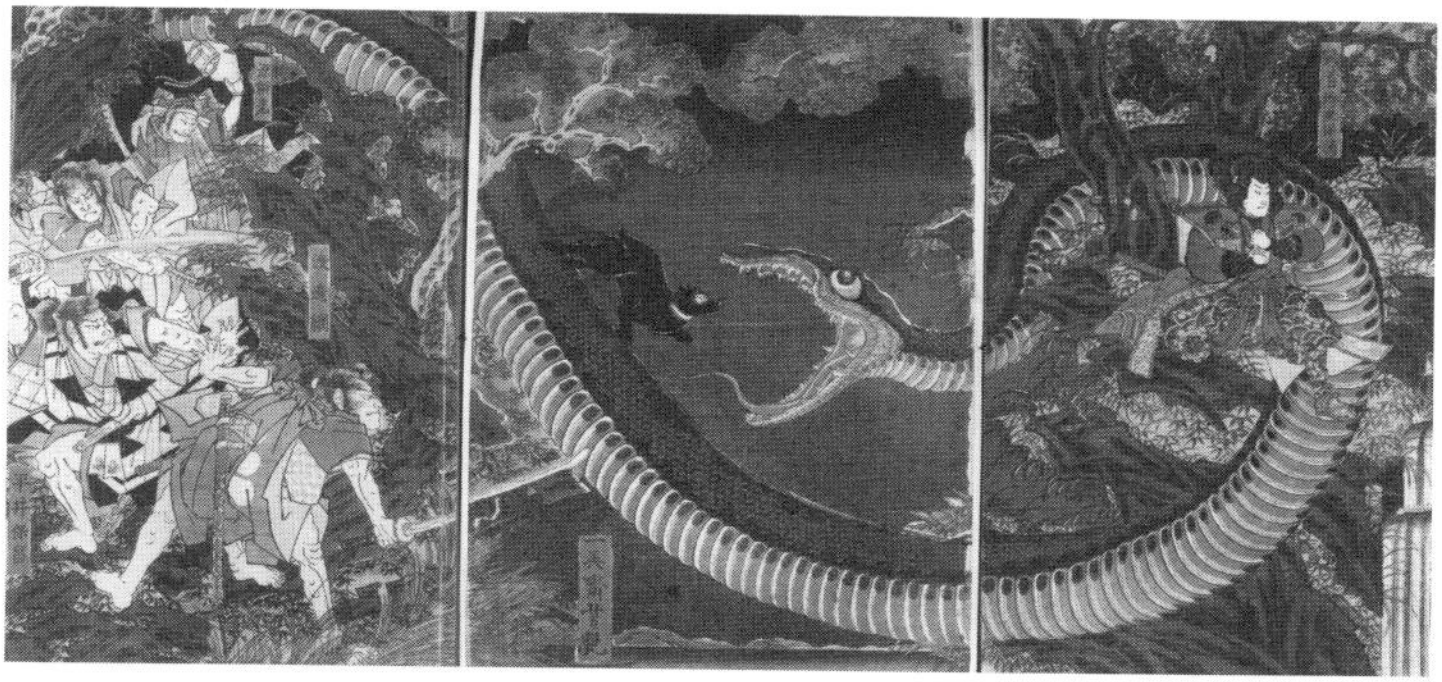

大日本歴史錦繪「破奇術頼光袴垂為搦」
大蛇と戦う源頼光と側近の四天王、武人として名高い藤原保昌が描かれている。

た。いずれも一騎当千の強者で、彼らの存在も頼光を伝説的な武人として押し上げる原動力になったといえる。

『鬼滅の刃』では、鬼殺隊の最上位ランクの剣士を「柱」というが、四天王は頼光にとっての「柱」ともいうべき存在だ。四天王の筆頭的存在である渡辺綱は茨木童子《いばらきどうじ》との戦いで名を挙げ、『源氏物語』の主人公・光源氏のモデルといわれるほどの美男子。坂田金時は昔話『金太郎』のモデルで、足柄《あしがら》山で熊と相撲をとったエピソードが有名である。そのほか、碓井貞光は碓井峠に棲み着いていた大蛇を大鎌で退治したという伝説で知られ、卜部季武は『今昔物語集』に彼が主役の説話があるなど、どの人物も物語の主役級の武人である。

酒呑童子と鬼舞辻無惨の生い立ち

元々は人間だった酒呑童子と鬼舞辻無惨の生い立ち

『鬼滅の刃』において、すべての鬼の中で最強を誇るのは鬼舞辻無惨だが、日本の鬼の伝説で「最強の鬼」とされるのが、丹波国の大江山を棲み家とした酒呑童子である。両者の生い立ちや鬼になった過程には、いくつか共通点がある。

鬼舞辻無惨は平安時代の公家の家の生まれで、病弱で20歳までは生きられないとされていた。そこで医師から「青い彼岸花」という薬を投与されて強靭《きょうじん》な肉体を手に入れるが、日の光の下を歩けない体になってしまう。こうして人の血肉を欲する最初の人喰い鬼となり、日光を克服して不死になるための道具として鬼をつくりはじめた（第127話）。

一方、酒呑童子は幼くして寺に預けられ、12～13歳になると立派な美少年に成長する。多くの女性から求愛され、恋文をもらうが、彼はそれを読まずに全部焼いてしまう。すると、想いを伝えられなかった女性たちの恋心が怨念化し、恋文を焼いた煙に包まれて鬼化

大日本歴史錦繪「大江山酒呑童子」
鬼の首魁・酒呑童子は、鬼舞辻無惨と最も共通点が多い古典の鬼といえる。

してしまった。その後は全国各地を転々としたあと、大江山に落ち着いたという。大江山に本拠を置き、茨木童子など多くの鬼を従えていた酒呑童子はしばしば平安京に現れ、若い姫君をさらったり、斬って生のまま喰うなどの悪行を働いたという。

これは『御伽草子』で語られている生い立ちで、ほかにも、近江国の長者の娘と伊吹《いぶき》大明神（八岐大蛇《やまたのおろち》）の間に生まれた説、生まれながらにして天才児だった説、恋仲になった女性が身投げしたことを悲嘆して鬼になった説などがある。ただし、多くは教養があった美少年で、育ちもよかったとされる。

酒呑童子は元々人間で、自ら好き好んで鬼になったわけではないのだが、こうした点は『鬼滅の刃』の鬼舞辻無惨と共通している。鬼になった絶望に暮れながらも、生きることに執着したのである。

リアル柱合《ちゅうごう》会議と神便鬼毒酒《じんべんきどくしゅ》

酒呑童子を倒すための戦略を練った頼光一行

酒呑童子討伐を命じられた源頼光は四天王（渡辺綱、坂田金時、碓井貞光、卜部季武）を率いて大江山へ向かった。このとき、頼光一行はどうすれば酒呑童子を倒せるのかを協議し、戦術を練っている。これは『鬼滅の刃』でいえば、鬼滅隊の「柱」が集結した「柱合会議」のようなものだ。話し合いの結果、「武士の姿で正面から挑んでも、酒呑童子には近づけない」という結論に達し、山伏に変装して大江山に乗り込むことになった。鬼たちが棲む城に辿り着いた一行は、酒呑童子と面会。「一夜の宿をとらせてほしい」と懇願し、潜入に成功した。

上弦の弐・童磨を苦しめた毒に似た「神便鬼毒酒」

酒呑童子は頼光たちを歓迎して酒盛りを開いたが、そこで出てきたのは人間の血が入った盃だった。頼光はそれを飲み干し、酒の肴《さかな》として人の腕と股の料理も食べた。そして、頼光は一夜の宿のお礼として、持参した酒「神便鬼毒酒」を酒呑童子に差し出した。この酒は、人間には無毒だが鬼が飲むと動けなくなる酒で、最強と謳われた鬼の集団は眠りに落ち、戦闘不能状態になった。

『鬼滅の刃』では、蟲《むし》柱の胡蝶《こちょう》しのぶが藤の花から鬼を殺す毒を作り出し、武器として用いている。上弦の弐・童磨との戦いでは全身の骨を砕かれ、吸収されてしまうが、実は致死量のおよそ700倍の藤毒を体内に摂取していた。そのため、童磨の体は崩れ落ち、最期は嘴平伊之助《はしびらいのすけ》としのぶの継子《つぐこ》である栗花落《つゆり》カナヲにとどめを刺された（第162、163話）。

和漢百物語「酒呑童子」
酒呑童子たちは、源頼光たちが持ってきた神便鬼毒酒を飲み討たれた。

生に執着した酒呑童子の最期

神の力が宿った兜が頼光を守る

「神便鬼毒酒」によって鬼たちが静かになったのを見計らい、源頼光一行は酒呑童子の寝床に忍び込んだ。するとそこには、2丈（約6メートル）ばかりの身の丈で、ツノが5本生え、目が15個、頭と胴が赤で手足が黒（左足）、白（右足）、黄（右手）、青（左手）という禍々《まがまが》しい姿になった酒呑童子がいた。

刀を抜いた頼光は酒呑童子の首を一刀で斬り落とすが、首は天へと舞い上がり、頼光の頭に襲いかかる。しかし、大江山へ向かう途中でもらった兜《かぶと》が頼光を守った。この兜は八幡、住吉、熊野の三神が授けた「星甲《ほしかぶと》」で、神の力が宿っていたのだ。反撃に転じた頼光は酒呑童子の首を倒し、手下の鬼たちもことごとく退治した。そして、誘拐された姫たちを救い出して都へ凱旋《がいせん》し、天皇から褒美を賜った。

酒呑童子は鬼化すると恐ろしい姿に変身したが、『鬼滅の刃』の鬼舞辻無惨も負けては

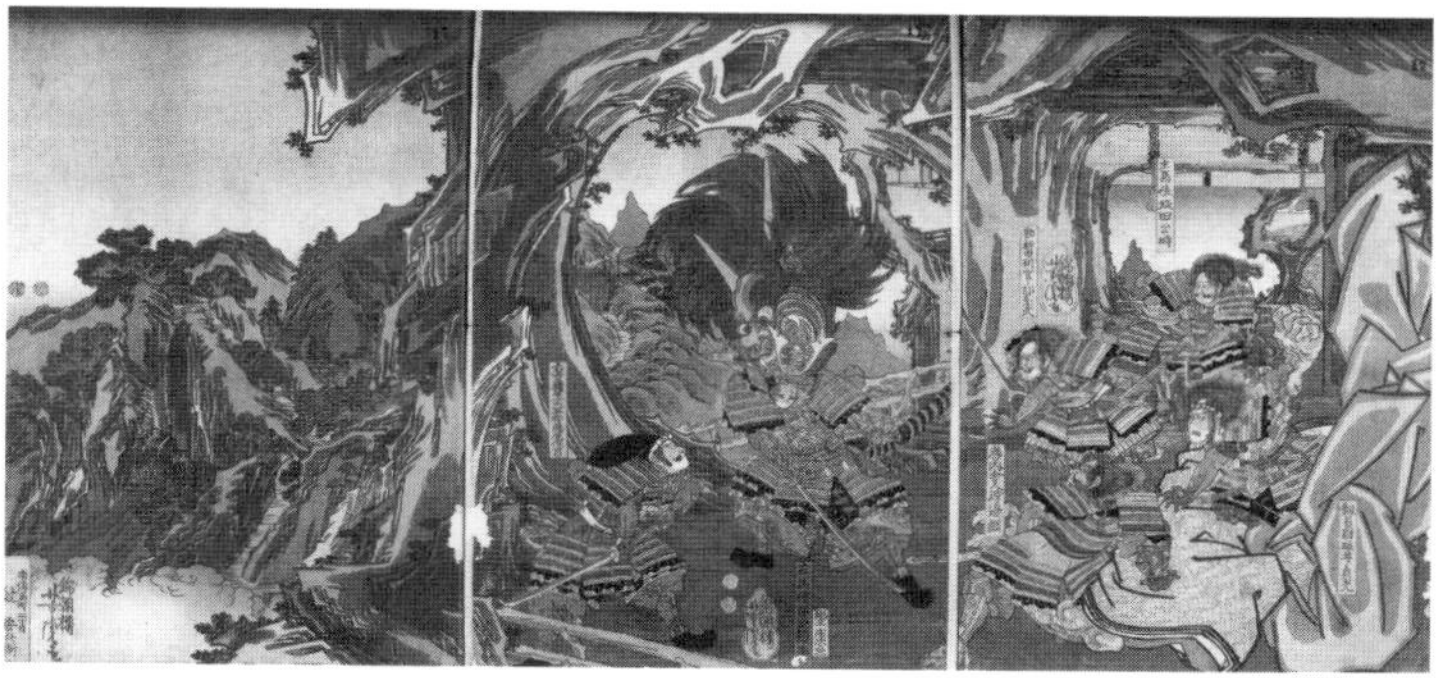

大日本歴史錦繪「大江山酒呑童子」
首だけとなった酒呑童子はなおも源頼光に襲いかかるが神の力が宿った兜が頼光を守った。

いない。彼には心臓が7個、脳が5個あり、産屋敷耀哉の自爆や珠世の投薬で打撃を受けた体を回復させた後は、全身の各所に禍々しい口を備えた異形の姿に変貌している（第180話）。

『鬼滅の刃』の鬼は日輪刀で首を斬られると崩壊するが、無惨は首や体を斬られてもすぐに修復する（第184話）。そして第199話でついに朝日が昇りはじめると無惨は巨大な赤子のような姿になり、日光から身を守ろうとするなど、生に対する並々ならぬ執念は、酒呑童子に通じるものだろう。

酒呑童子の首はその後、京の都へ運ばれる予定だったが、鬼の首が京の街に入るのは不浄であるというお告げがあり、西京区の山中に埋められた。現在、その地には首塚大明神が建立されている。

リアル猗窩座《あかざ》・鬼童丸《きどうまる》との戦い

父の仇を打とうとした盗賊の鬼

『鬼滅の刃』に登場する上弦の参《さん》・猗窩座は元盗賊で、その罪により体に入《い》れ墨《ずみ》を彫られ、追放された（第154話）。古典においても盗賊が鬼とされる場合がよくある。前述の酒呑童子のように、中世の鬼には「○○童子」といった名がつくものが多い。これは、雑役をしていた者が年齢に関係なく童子と呼ばれ、長髪の髪型をしており、「童盗人《わらわぬすびと》」と呼ばれるほど盗賊たちに長髪が多かったからだ。『古今著聞集《ここんちょもんじゅう》』には、源頼光の弟・頼信の家に鬼童丸という鬼が捕らえられ、厠《かわや》に鎖でつながれていた。しかし、鬼童丸は鎖を引きちぎって逃げ、源頼光を襲うために牛を殺して体内に隠れた。渡辺綱がこの牛を射抜き、襲いかかってきた鬼童丸を頼光はひと太刀で斬り倒したという。鬼童丸もその名の通り盗賊であり、同時期の大盗賊・藤原保輔《やすすけ》と妖術比べをしたという伝承もある。

『丹後旧事記《たんごくじき》』には、この鬼童丸が酒呑童子の子どもであると伝える。酒呑童子を討った頼光一行は、囚《とら》われていた女性たちを本国へ返すが、ひとりの女性は狂気を宿して帰る地もわからなかった。そして雲原の里に留まり、やがて男の子を産んだ。この男の子は生まれながらに歯が生えており、人々は酒呑童子の子と噂した。祟《たた》りを恐れた村人は鬼童丸と名付けて11歳まで育てた。しかし、大石や大木を使って猪や猿を殺して食べたり、荒牛のように吠《ほ》えるので、村の人々は食べ物をあげなくなり、鬼童丸は村を去った。その後、大人になった鬼童丸は父の仇である頼光を襲ったのだという。ほかにも、鬼童丸は捨て子だった、比叡山の稚児だったが悪行を重ねたので追放されたなどの伝承もある。猗窩座も両親を失い、盗みを繰り返して追放された過去を持つが、その姿は悲しい生い立ちから最期は斬り殺された鬼童丸と重なる。

和漢準源氏「市原野鬼童丸」
父・酒呑童子の仇を打つために牛の体内に隠れようとする鬼童丸の姿が描かれている。

巨大な山蜘蛛との戦い

山蜘蛛を鉄串で刺して河原にさらす

『鬼滅の刃』では、竈門炭治郎一行が那田蜘蛛山《なたぐも》で蜘蛛めいた少年の鬼・累と遭遇し、彼とその配下の鬼が繰り出す蜘蛛の糸の技に苦しめられている（第29話）。このようなエピソードは、鎌倉時代の軍記物語『平家物語』の「剣巻」にも出てくる。

病を患って床に伏していた源頼光のもとに、身長が7尺（約2・1メートル）もある怪僧が現れた。頼光の体に縄をかけて絡め取ろうとするが、直前で気づいた頼光が枕元に立てておいた名刀・膝丸《ひざまる》を手に取り、僧を斬りつけた。僧は外へ逃げ去り、その晩はことなきを得た。翌日、頼光が四天王とともに僧の血痕を辿ると、北野神社裏手の大きな塚に続いていた。この塚を崩すと、全長4尺（約1・2メートル）の巨大な山蜘蛛が現れるが、頼光たちはこれを鉄串で刺し、河原にさらした。その後、頼光の病気は回復し、山蜘蛛を斬った刀は「蜘蛛切丸《くもきりまる》」と呼ばれるようになった。

土蜘蛛襲来図　湯本豪一記念日本妖怪博物館（三次もののけミュージアム）蔵
源頼光と四天王が討った巨大な土蜘蛛の腹からは多数の首が出てきたという。

この山蜘蛛の話は、『土蜘蛛』としても語られている。ただし、能の台本に入れるのは容易ではなかったので、土蜘蛛（山蜘蛛）は「葛城山の年を経た鬼神の正身」として扱われた。葛城山は山麓に鬼の子孫が棲み着いたという伝説があるなど、鬼とのつながりがある地だった。

絵巻物『土蜘蛛草紙』では、山蜘蛛は巨大な蜘蛛の姿で描かれている。頼光が家臣の渡辺綱を連れて洛外北山の蓮台野へ赴いたとき、空飛ぶ髑髏《どくろ》と遭遇する。頼光たちがそれを追って古びた屋敷に入ると、妖怪たちの襲撃を受けたが、何とか退治して山奥の洞窟へ向かう。するとそこには巨大な山蜘蛛がいて、激しい戦いの末にこれを打ち破ると、蜘蛛の腹から2000個近くの死人の首が出てきたという。

源頼光VS.鬼と化した弟・丑御前《うしごぜん》

英雄となった兄・頼光と鬼として討伐された弟・丑御前

『鬼滅の刃』に出てくる上弦の壱の鬼・黒死牟（継国巌勝）には、継国縁壱という双子の弟がいた。戦国時代、双子は跡目争いになるとして不吉とされ、父は縁壱を殺そうとした。だが母の取りなしで寺へ預けられることになり、巌勝は継国家の跡取りとして育てられた。ところが、縁壱のほうが剣士としても、人としても優れており、巌勝は弟への嫉妬と憎悪の念に苦しめられる。そこを鬼舞辻無惨につけ込まれ、強さを欲して鬼となるが、最期まで縁壱を超えることはできなかった（第177、178話）。こうした兄弟にまつわる鬼のエピソードは、日本の古典にも数多く存在する。浄瑠璃『丑御前の御本地』では源頼光・丑御前兄弟の相克《そうこく》が語られている。

丑御前は生まれたときから両目が輝き、歯が生えそろった「鬼子《おにご》」だった。そのため、父の源満仲はすぐに殺すよう命じたが、母によって大和国の金峰山《きんぷせん》に匿《かくま》われ、荒須崎という怪力の女官によって育てられた。

15歳になった丑御前は、色白で背が高く、剛力の青年に成長した。だが出生の秘密を荒須崎から知らされ、京からやってきた公人を襲って満仲の次男であることを公言する。満仲は激怒し、丑御前をだまして東国へ下向させた。しかし、丑御前は東国で味方をつけ、朝廷に反旗をひるがえそうとした。

父・満仲の命を受けた頼光が弟を討伐

満仲は頼光と四天王に7万の軍勢を与えて出陣を命じ、両者は武蔵国で激突する。四天王のひとりである坂田金時は戦いに参加せず、戦いの成り行きを見守っていたが、四天王が敗走した報を聞くと頼光のもとへ向かう。そして、丑御前を生け捕りにすることを提案し、彼のもとへ赴いた。しかし、丑御前は「兄との戦いは討つか討たれるかだ」と同意せず、金時を討ち取ろうとする。そこへほかの四天王が軍勢を率いて攻め入り、丑御前の軍勢は散り散りになった。

残るは丑御前と荒須崎という状況になったが、丑御前は隅田川に身を投げて、体長が10丈（約30メートル）の牛の怪物に変身する。そして大暴れして、頼光軍を敗走させたという。

渡辺綱VS.羅生門の鬼

人間の死体捨て場だった平安京の正門

日本の鬼の伝説には、鬼の巣窟ともいえる場所が数多く出てくる。『鬼滅の刃』にも、鬼舞辻無惨の本拠地である無限城や、下弦の伍・累とその「家族」が住む那田蜘蛛山が、鬼の巣窟として登場する。大江山と並ぶ鬼の巣窟といえるのが、平安京の正門にあたる羅生門（羅城門）である。元々は平安京を鬼から守る要衝だったが、何度も強風で倒壊してやがて荒廃した。『今昔物語集』には、盗みをするために上京した男が羅生門の上層に忍び込んだところ、無数の死人が投げ捨てられていたという逸話もある。

謡曲『羅生門』では、源頼光の家臣で四天王のひとりである渡辺綱が、羅生門で鬼の腕を斬り落とした逸話を取り上げている。「羅生門には鬼が棲んでいて、皆近づこうとしない」という話を聞いた綱は、「ならば私が鬼を倒そう」と単身羅生門へ向かう。そこで遭遇した茨木童子という鬼と斬り合いになり、その腕を斬り落とした。すると、茨木童子は

「腕は7日のうちに取り戻す！」と叫び、虚空の彼方へと逃げ去った。綱は鬼の腕を箱に入れて固く門を閉ざしたが、7日目の夕方に伯母が訪れ、「鬼の腕を見せてほしい」とせがんだ。綱が仕方なく鬼の腕を伯母に見せたところ、彼女は腕を掴み取り、空高く舞い飛んでいく。茨木童子は綱の伯母に変装し、一度は失った腕を取り返したのである。

また、綱と茨木童子が戦った場所は、平安京の堀川にかかる一条戻橋《いちじょうもどりばし》だったという説もある。ちなみに、『鬼滅の刃』に出てくる上弦の陸の鬼・妓夫太郎《ぎゅうたろう》と堕姫は、江戸・吉原の東河岸にあたる羅生門河岸の出身である（第96話）。

羅城門渡辺綱鬼腕斬之図
渡辺綱が羅生門で鬼の腕を斬り落とした刀は、髭切と呼ばれる名刀で、北野天満宮に現存する。

妖術使いと死闘した大宅光圀《みつくに》と山城光成【11世紀】

リアル血鬼術の使い手・滝夜叉姫《たきやしゃひめ》との戦い

『鬼滅の刃』に出てくる鬼たちの改心

『鬼滅の刃』には、「生まれながらの鬼」は登場しない。鬼の始祖である鬼舞辻無惨が人間の恨みや嫉妬心につけ入り、自分自身の血を分け与えることで鬼に変えているのだ。鬼になった者は人間だった頃のような思考ができなくなり、人間に対する敵対心が高まり、肉親であっても容赦なく喰い殺してしまう。あるいは、鬼舞辻無惨におだてられて人の命を奪う鬼もいる。まさに人の心を失った悪鬼ともいうべき存在だが、一方で、死の間際になって人の心を取り戻し、安らかに天へ召される鬼もいる。

例えば、鬼殺隊の最終選別で竈門炭治郎に立ちはだかった「手鬼」は、死の間際に人間だった頃を思い出し、炭治郎に手を握られながら消滅している（第8話）。また、炭治郎と我妻善逸《あがつまぜんいつ》が指令で赴いた屋敷で戦った異能の鬼・響凱は、人間だった頃に小説を書いていた。だが知人からは「紙と万年筆の無駄遣いだよ」と酷評され、さらには原稿用紙を踏みつけられ、その恨みで知人を惨殺する。それでも、炭治郎との戦いに敗れて消滅する寸前、炭治郎から「君の血鬼術は凄かった‼」といわれると、「自分は認められた」と涙を流し、安らかに消えていった（第25話）。ほかにも、那田蜘蛛山に棲む下弦の伍・累が、命を賭した両親の愛情に気づかなかったことを詫《わ》びながら消滅する話もある（第43話）。

こうした鬼の改心エピソードは、日本の鬼の伝説にも出てくる。特に有名なのが、平将門の娘で妖術使いの滝夜叉姫の物語である。本名を五月姫といい、伝説上の人物と考えられるが、茨城県つくば市にかつて存在した西福寺には、彼女がこの寺で出家して尼になったという伝承がある。地元では「滝夜盛姫《たきやもりひめ》」と呼ばれ、東福寺から西へ約200メートル離れた畑には彼女の墓もある。

一族郎党の仇を取るために妖術使いとなる

滝夜叉姫の伝説は、江戸時代後期に活躍した山東京伝の読本『善知鳥安方忠義伝《うとうやすかたちゅうぎでん》』で最初に語られたとみられる。彼女のモデルになったのは、鎌倉時代に成立した日本初の仏教通史『元亨釈書《げんこうしゃくしょ》』などに将門の娘として記されている如蔵尼《にょぞうに》だったと考えられる。彼女は父の死後、尼として一生を過ごしたとされるが、福島県磐梯町の恵日寺にある墓碑には、「滝夜叉姫が将門の死後に再興をはかったが失敗し、出家した」と記されている。

天慶《てんぎょう》の乱で父・将門が討たれて一族郎党が滅ぼされたとき、五月姫はかろうじて生きのび、父の仇を討つために貴船明神の社へ参った。そこで貴船明神の荒神から妖術を授かり、お告げに従って「滝夜叉姫」と名乗った。

妖術を習得した滝夜叉姫は地元の下総国に戻り、妖怪や盗賊の仲間を集めて朝廷に反旗をひるがえした。これに対し、朝廷は源頼信の家臣である大宅太郎光圀と山城光成を討伐隊として差し向けた。

両軍は激しい攻防を繰り広げ、最後は陰陽の術で滝夜叉姫を成敗した。陰陽の術によって邪心を祓い清められた滝夜叉姫は改心し、五月姫としての自我を取り戻した。そして、

大日本歴史錦繪「滝夜叉姫幻術之圖」
復讐を誓った滝夜叉姫はさまざまな妖術を使い、討伐隊を苦しめた。

父・将門のもとへ昇天したという。また、仏門に入って父・将門の菩提を弔う余生を過ごしたという説もある。

この伝説では、滝夜叉姫がたくさんの骸骨を出現させる描写がある。これは後に江戸時代末期の浮世絵師・歌川国芳によって『相馬の古内裏』として描かれ、後世に大きなインパクトを残している。国芳は、滝夜叉姫が妖術で呼び出した骸骨が光圀を襲う場面を描いており、昭和に入ってから生まれた妖怪「がしゃどくろ」のモチーフにもなった。『鬼滅の刃』の鬼たちは、両親やきょうだい、あるいは人間だった頃に果たせなかった本懐を思いながら成仏していった。滝夜叉姫は、果たして何を思いながら天に召されていったのだろうか。

安倍晴明《せいめい》の末裔・安倍泰成《やすなり》【12世紀】

リアル堕姫・玉藻前《たまものまえ》との戦い

権力者に捨てられた妖狐の化身

上弦の陸・堕姫は吉原を根城とする若くて美しい女性の鬼で、性格は素直で染まりやすい。主人である鬼舞辻無惨からは「お前に期待している」と声をかけられ、その期待に応えるため、鬼殺隊の「柱」を殺している。

堕姫のように妖艶で人をたぶらかす妖怪伝説としては、平安時代末期に鳥羽上皇の寵姫《ちょうき》となった玉藻前の伝承がある。『神明鏡』『殺生石』『玉藻の草子』などでその名が見られる伝説上の人物で、モデルは実際の鳥羽上皇の寵姫だった美福門院（藤原得子）とされる。

大日本歴史錦繪「安倍泰成調伏妖怪圖」
安倍泰成が真言を唱えると玉藻前の変身が解かれ、九尾の狐の姿となった。

『絵本三国妖婦伝』では、「18歳で宮中に入り、その美貌と教養で鳥羽上皇のお気に入りになった」とある。しかし、上皇はまもなく原因不明の病に伏せるようになり、陰陽師の安倍泰成が原因究明にあたったという。

泰成は安倍晴明の子孫と考えられるが、伝説上の人物だったとみられる。上皇の病気の原因が玉藻前にあることを見抜いた泰成は、玉藻前の正体を暴き出した。泰成が真言を唱えると変身が解かれ、九尾《きゅうび》の狐の姿となって宮中から逃走した。しかし最後には、討伐隊によって絶命した。

鳥羽上皇の寵愛を受けた玉藻前だが、正体がわかると見捨てられた。『鬼滅の刃』の堕姫同様、どことなく悲哀を感じさせる。

大頭魔王《たいずまおう》の使いと死闘した蒲生貞秀《がもうさだひで》と土岐元貞《ときもとさだ》【15世紀】

リアル童磨・「人を喰う仏」との戦い

魔王堂で巨大な怪物と遭遇

『鬼滅の刃』に出てくる上弦の弐・童磨には、巨大な氷の仏像を生み出して攻撃する「霧氷《むひょう》・睡蓮菩薩《すいれんぼさつ》」という大技があるが（第162話）、『老媼茶話《ろうおうさわ》』には、室町時代の武将・蒲生貞秀と部下の土岐元貞が、「霧氷・睡蓮菩薩」のような巨大な仏の怪物と戦った記述がある。

貞秀が陣を張った甲斐《かい》国の猪鼻《いのはな》山には大頭魔王と呼ばれる怪物がいて、人を喰うという伝承があった。貞秀の勇猛な部下・土岐元貞が伝承の岩窟・魔王堂に近づくと身の丈2丈（約6メートル）の山伏と遭遇するが、元貞は斬り倒す。だがとどめを刺そうとすると山伏は鷹の姿になり、その場から飛び去った。元貞が魔王堂に入ろうとすると、身の丈2丈の仁王像が立ちはだかる。両者は相撲で勝負し、元貞が仁王像を投げ飛ばして粉々にした。その後、山奥から現れた鬼婆が仁王の体を集めて元に戻し再び勝負に及んだが、元貞はその首を斬り落とした。

新形三十六怪撰
「蒲生貞秀臣土岐元貞 甲州猪鼻山魔王投倒図 大頭魔王」
人を救うはずの仏や仁王の周りには骸骨が描かれ、妖怪であることがわかる。

その後、魔王堂から阿弥陀仏が現れ、「私は大頭魔王の勧めで人を喰う妖怪になった」といった。これに対し元貞は「人を助ける仏が人を喰らうとはけしからん」と怒り、仏を粉々にしたという。まさに童磨の血鬼術を思わせる描写といえるだろう。

現代に残るリアル日輪刀《にちりんとう》

鬼を斬った名刀の数々

鬼殺隊が装備する鬼殺しの「日輪刀」

『鬼滅の刃』において鬼殺隊が装備している「日輪刀」は、太陽の光以外で唯一鬼を倒せる武器とされる。太陽に一番近い陽光山で採取できる原料の砂鉄（猩々緋砂鉄《しょうじょうひさてつ》）と鉱石（猩々緋鉱石）には、陽の光を吸収する作用がある（第9話）。

日輪刀の形状は、基本的には鎬造《しのぎづく》りと呼ばれる一般的な日本刀と同じ形状である。鎬造りは刃と峰の中間よりやや峰側に鎬（刃の背に沿って小高くなった部分）をつけたもので、どちらかといえば実戦向きの剣である。

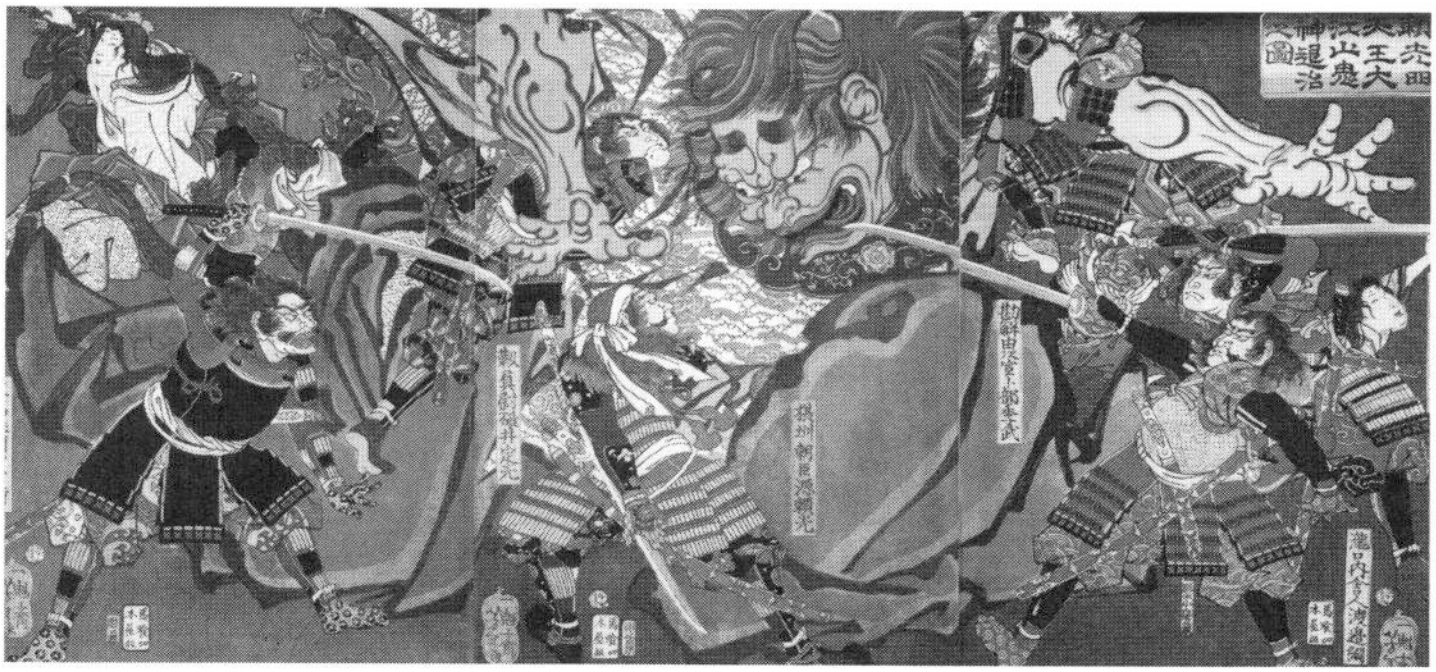

頼光四天王 大江山鬼神退治之図
童子切安綱をはじめ、頼光四天王の坂田金時は髭切、卜部季武は痣丸などの名刀を所持した。

一方で、持ち主によって色が変わることから、別名「色変わりの刀」とも呼ばれる（第9話）。赤色なら炎の呼吸、青色なら水の呼吸の適性の持ち主だが、炭治郎が持つと刃が黒くなった。こうした例はごく稀で、どのような系統を極めればいいのかわからないので、昔から「黒刀の剣士は出世できない」とされてきた（第54話）。

武士の象徴ともいうべき日本刀が最初に世に出たのは平安時代後期で、武家の力が増すにつれて、刀鍛冶の技術も向上していった。鎌倉時代に入ると各地で名工が登場し、日本刀の黄金期とも呼ばれる時代を迎える。室町時代になると、刃を上に向けて佩《は》く打刀が流行する。打刀のほうが素早く刀を振るうことができたので、戦国乱世との相性が抜群だった。

しかし、江戸時代に入って天下泰平の世になると、刀は武家のシンボルとしての意味合いを強めていく。幕末期には再び実用性が求められるようになったが、明治に入ると廃刀令が出され、一部の例外を除く帯刀が禁じられた。

鬼の首魁を斬った天下五剣のひとつ・童子切安綱《どうじぎりやすつな》

今も数多くの日本刀が存在するが、その中には鬼を討ったと伝わる刀もある。名刀中の名刀として高く評価される「天下五剣」の「童子切安綱」もそのひとつで、大江山に君臨していた最強の鬼・酒呑童子を斬った刀と伝わる。平安時代中期に伯耆《ほうき》国大原の刀工・安綱が作刀したとされ、刀身の強度も斬れ味も抜群。「大包平《おおかねひら》」と並ぶ「日本刀の東西の両横綱」と称されている。江戸時代の刀剣リスト『享保名物帳』には、「極上々の出来、常の安綱に似たるものにあらず」と称賛されている。

童子切安綱と同じく天下五剣のひとつに数えられる「鬼丸国綱《おにまるくにつな》」も、その名の通り、鬼と関係する逸話が残る。鎌倉幕府5代執権の北条時頼《ときより》は、毎晩のように夢に出てくる小鬼に苦しめられていた。しかし、夢の中に現れた老翁から「早く鬼を退治したければ、刀の錆《さび》を拭い去りなさい」と告げられる。その言葉通り、時頼は錆を落とし、鞘に収めないまま枕もとに立てかけた。すると、刀は火鉢の台へ倒れかかり、施されていた細工の首を斬

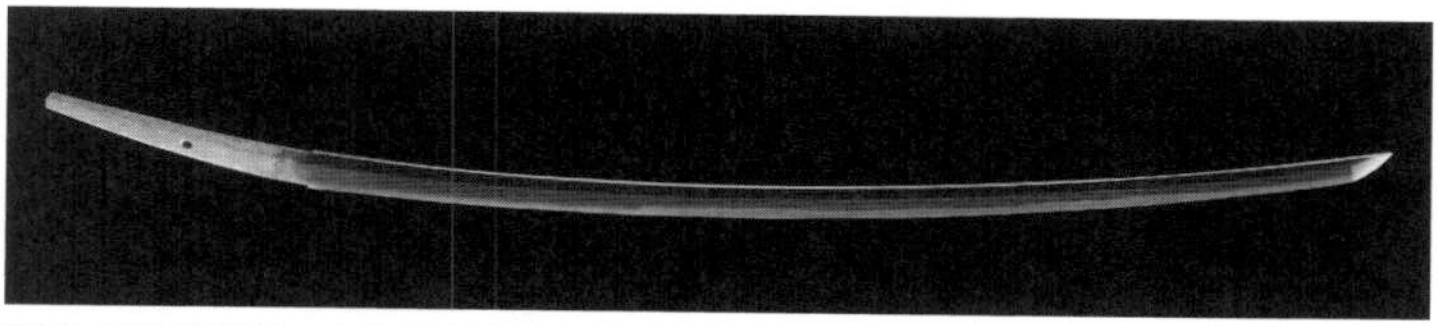

国宝 太刀 銘安綱　東京国立博物館 蔵
画像提供：TNM Image Archives
平安時代の名工・安綱の作で、天下五剣のひとつに数えられる。

り落とした。実はこれが小鬼そのもので、その後は夢に出てこなくなり、体調も回復したという。ちなみに、歴史物語の『太平記』では、この夢を見たのが初代執権・北条時政《ときまさ》になっている。

そして、別名「髭切《ひげきり》」と呼ばれる「鬼切丸」も、鬼とのゆかりが深い刀である。『太平記』によると、この刀は坂上田村麻呂が所持し、アマテラスのお告げで伊勢神宮に奉じられた。その後、源頼光が受け継ぎ、家臣の渡辺綱に貸し出した。綱は大和国宇陀《うだ》郡で暴れ回っていた鬼の腕を鬼切丸で斬り落とし、さらに、頼光も腕を取り返しに来た鬼と戦い、鬼切丸で首を斬り落としたという。

ほかにも、鬼や怪物を斬ったという日本刀の逸話は数多くあるが、当然ながら実際に斬り落としたわけではない。しかし、「鬼を斬った」という箔《はく》がついたことで、名刀として語り継がれた側面もある。『鬼滅の刃』の日輪刀も、実在していたら名刀として伝えられていたに違いない。

コラム

鬼からヒントを得て人をつくった西行《さいぎょう》

西行は平安時代末期に活躍した歌人だが、『撰集抄《せんじゅうしょう》』という仏教説話集には、彼が人工的に人間をつくったという記述がある。西行は元々武士で、百目鬼と死闘した藤原秀郷の子孫である。和歌を通じて文化人と親交を結んだが、出家後は寂しい日々を過ごしていた。そんなとき、鬼が白骨化した死骸の骨を集めて人間をつくったという話を思い出した。『鬼滅の刃』には、伝説の剣士・継国縁壱の動きを再現した「縁壱零式《ぜろしき》」が登場するが、西行の場合は野ざらしになっていた骨を取り集め、反魂の術をかけて人をつくり出した。だが完成した人間は、見た目は人ではあるが血相が悪く、声もか細く、人の心もなかった。結局、高野山の奥に置き捨て、そのうち人づくりへの興味は失われていったと伝えられる。

月耕随筆「西行法師」
百目鬼と戦った藤原秀郷の子孫である西行は、鬼をヒントに人造人間をつくった。

第3章

隠された
鬼滅の暗黒史

『鬼滅の刃』は鬼VS.鬼の戦いだった

鬼とは「誰」だったのか

社会秩序からはみ出した「元人間」

現実世界において『鬼滅の刃』に出てくるような異形の鬼が存在したとする確たる証拠は存在しない。それでは現実世界における鬼とは、一体どのような存在だったのか。大きな意味でいえば、鬼とは人間のコントロールを超えた過剰な力や強さ、巨大さ、醜悪さをともなう存在といえるだろう。それは山に棲む獣であったり、疫病であったり、災害だったりしただろう。人々に災いをもたらす人智を超えた観念的な存在が鬼なのだ。

では、人を喰ったりさらったりするなど、具体的な被害報告がある鬼とは誰だったのか。

結論からいってしまえば、同じ人間である。ある一方の側から見て、自分たちのコミュニティに害を及ぼす者たちを鬼としたのである。最もわかりやすい例が、土蜘蛛などと呼ばれた、朝廷に従わなかった地方勢力だ。後世になると絵巻などで、蜘蛛の妖怪として描かれたが、実際は紛れもない人間だった。また『清水寺縁起絵巻』には、蝦夷と呼ばれた東北地方の軍勢が鬼のような姿で描かれている。こうした人々は「絶対悪」とはいえない存在だが、鬼として扱われ、一方的に討伐された。

現代の日本のような社会福祉制度が存在しない時代において、社会的弱者は秩序ある村からはじき出され、山中に棲んだり漂泊の民となった。そして中には、強盗や人殺し、人さらいなどを行う犯罪集団になった者もいた。そのような者たちが鬼として蔑《さげす》まれ恐れられたのだ。昔話には、鬼が人間を恨んだり憎んだり、あるいは怨恨《えんこん》の念から人間が鬼化した話が数多くある。『鬼滅の刃』に出てくる鬼たちは人を喰らう「絶対悪」的な存在だが、このような社会秩序からはみ出て鬼とされた人々の姿と重なる。

『鬼滅の刃』の鬼も元々は人間だった。ところが、家族愛の欠如や生まれ育った境遇の悪さ、愛する人を失った悲しみなど、さまざまな事情で鬼になった。そこには敵ではあるが思わず感情移入してしまう余地もあり、それが作品の大きな魅力になっている。

鬼殺隊は「埒外者《らちがいしゃ》」の集団だった

人間のコミュニティに属さない人々

朝廷などの権力に従わない集団や社会秩序からはみ出た犯罪者たちが鬼とみなされたことを前述したが、『鬼滅の刃』には鬼以外に社会秩序に属さない者が描かれている。ほかでもない鬼殺隊のグループだ。第4話では鬼殺隊が「政府から正式に認められていない組織」と解説され、第54話では刀を所持している竈門炭治郎たちを見た駅員が、「警官を呼べ」と叫ぶシーンがある。

また鬼殺隊のメンバーは、鬼となった者たちにもヒケを取らない悲惨な過去を持つ者も少なくない。作中では一般社会で普通の暮らしをしている者が志願して鬼殺隊に入ることは稀なケースになっているのだ。なぜ鬼殺隊が政府非公認で、社会秩序からはみ出した者たちの集団とする設定にしたのか。ここに『鬼滅の刃』の物語の深さと魅力のひとつがある。

日本には古くから悪事を働くわけではないが、都市部や村落に属さずに暮らす人々がいた。山地で狩猟する者、製鉄を行う者、薬草を探す者、芸を披露する者など、村落の共同社会とは異なる生業《なりわい》の人々だ。これらの人々は神やもののけのテリトリーとされた山中などに住んだり、各地を渡り歩いたりした漂泊民だったりした。このような「ご近所さん」ではない特殊な職業を持つ人々は、村落にはない生産物や娯楽などを提供する恵みをもたらす者たちである一方、外部から来た得体の知れない輩《やから》「埒外者」として、時として蔑む対象となった。

主人公・竈門炭治郎の家は山中にあり炭売りを生業にし、同期の我妻善逸や嘴平伊之助は捨て子、そのほか盲目の人物や忍者、日輪刀をつくる刀鍛冶の里の人々など、町や村のコミュニティに組み込まれていない人々で、鬼殺隊は構成されているのだ。

『鬼滅の刃』に描かれている世界観というのは、人間のコミュニティからはじき出されて悪事を働くようになった「鬼」と、同じく人間のコミュニティに属さないが恵みを与える「埒外者」=鬼殺隊をベースとしているように考えられるのだ。

鬼も「埒外者」も、外部の者として蔑まれ、忌避《きひ》されてきた日本の闇の歴史が『鬼滅の刃』の世界観に隠されているのである。

人ならざる者VS.埒外者の悲しい戦い

「普通の人」ではない者は「鬼」とみなされた

鬼殺隊の人々の多くが、「埒外者」としての背景設定がある。「埒外者」の多くは、人間のコミュニティに属せない事情がある。例えば、製鉄を生業とする者は、原料となる砂鉄を採取し尽くしたり、製鉄に不可欠な木炭の原料となる木を伐《き》り尽くすとほかの地へと移動した。芸を生業とする者は、街から街へと移動して日銭を稼いだ。こういった特殊技能を持った人々は、「普通の人」とは異なる者として見られたのである。

日本人は同調圧力が強い国民性があるといわれる。これは、農業主体の産業構成の時代が長かったためだ。狩猟とは異なり、農業では画一的で安定した多くの労働力が必要であり、他者との協調性が重要だ。個性や卓越した能力は求められなかったのだ。何よりも「普通」であることが求められる精神構造が日本の社会のベースにある。

恋柱の甘露寺蜜璃《かんろじみつり》は、筋肉の密度が一般的な人の8倍という特異体質であることから、見合いが破談した過去を持つ（第１２３話）。また岩柱の悲鳴嶼行冥《ひめじまぎょうめい》は盲人であり、寺に住み込み引き取った孤児を育てていた（第１３５話）。村社会の画一性とは異なる特徴を持っている人物たちといえるだろう。こうした人々は社会の枠組みから外されたのだ。

鬼と同じ能力を持つ「柱」

『鬼滅の刃』では、鬼は人間が持たない特殊能力・血鬼術を操る。一方、鬼殺隊のメンバーも「呼吸」と呼ばれる特殊能力を用いて、鬼の血鬼術に対抗する。もし鬼と鬼殺隊が同じ姿だったとしたら、どちらが鬼か区別はつかないだろう。第１２８話では、「呼吸」を極めると、やがて鬼の紋様と似た痣が発現すると語られている。これは人間の鬼化を示しているともいえる。古典には、山中で修行して特殊能力を取得し、前鬼・後鬼の２体の鬼を使役した役小角や、式神と呼ばれる鬼を使役した陰陽師・安倍晴明など、超能力を持った人物は鬼と近しい存在となっている。

鬼とは人の力を超えた存在であるが、「埒外者」たちや村社会の人々とは異なる能力を持っている人々もまた鬼と同等に見られる存在だったのである。『鬼滅の刃』は人ならざる者＝鬼と、やはり「普通の人」とは異なる「鬼に近い人」との戦いなのだ。

竈門炭治郎にみる技芸を行う「傀儡子《くぐつ》」

娯楽を提供する漂泊民

社会には掟《おきて》や規則など、一定の決まりがある。それに反したり、従わなかったりすると批判の対象となり、社会から放逐される。いわゆる「埒外者」で、彼らは社会秩序からはみ出した存在となった。特に平安時代は、こうした者たちが「鬼」として見られていた。彼らの多くは普通に生活することができず、陽の当たらない場所で過ごした。人里離れた山奥に住む者もいれば、各地を漂泊（放浪）する者もいたが、狩猟のかたわら、歌に合わせて操り人形（傀儡）を舞わせる芸能を披露しながら各地を回る者たちは「傀儡子（傀儡師）」と呼ばれた。

傀儡子は村から村へと歩き渡り、その多くが公界《くがい》（世間）と同化することなく生涯を終えた。とはいえ、世間と完全につながりを断っていたわけではなく、生活を成り立たせる最小限の交わりはあった。例えば、村に入ったら家々の門に立ち、祝言を述べ、芸能を演じたりした。卜占《ぼくせん》やお祓い、加持祈禱《かじきとう》なども行うなど、当初は宗教的な側面が強かったが、時を経るうちに生計を営むための芸能になっていった。

傀儡子は操り人形による人形劇のほか、男性は相撲や奇術、剣舞、滑稽芸などを披露し、女性は劇に合わせた唄を歌った。寛治元年（1087）に大江匡房《まさふさ》が書いた『傀儡子記』には、傀儡子集団が行った芸についてこう述べられている。

「男性は皆弓や馬が得意で、2本の剣を使って沙石を金銭に変えたり、草木を鳥獣に変える手品を行った。女性は眉をひき、歯を染め、悲しんで泣いた顔に見える化粧をして、足が弱いふりをするために腰を曲げたり、虫歯が痛いような顔で作り笑いをしたりして、唄を歌って淫《いん》

傀儡師筆の操
各地を放浪した傀儡子は、操り人形や手品、滑稽芸などを生業とした。

楽《らく》をして男を誘った。」

鎌倉時代に入ると、漂泊を続けていた傀儡子たちも寺社に隷属し、分散定住するようになる。傀儡子たちの芸は猿楽や人形芝居などに昇華し、そこからさらに人形浄瑠璃や能楽（能や狂言）、歌舞伎などに枝分かれした。傀儡子が寺社で行っていた相撲や剣舞は、今も多くが神事として伝承されている。

山中で技芸を継承する竈門家の特殊性

『鬼滅の刃』では、主人公・竈門炭治郎の生家が「ヒノカミ神楽」と呼ばれる厄祓いの神楽を代々受け継いでいる描写が出てくる（第40話）。ひと晩にわたって舞い続けることで1年間の無病息災を祈るもので、竈門家の嫡男《ちゃくなん》である炭治郎も舞い型を習得していた。

炭治郎の父・炭十郎は病弱だったが、最小限の動きで最大限の力を出す呼吸法を心得ていたので、ひと晩中舞い続けることができた。鬼殺隊となった炭治郎は、「ヒノカミ神楽」から「円舞《えんぶ》」「碧羅《へきら》の天」「灼骨炎陽《しゃっこつえんよう》」などの剣技を繰り出せるようになる。そして、「ヒノカミ神楽」が「始まりの呼吸」と称される「日の呼吸」と関係が深いことが明らかになっていく。

傀儡子は寺社や公家に所属したことで芸能集団として発展を遂げたが、お抱えにならなかった傀儡子たちも、寺社との結びつきは強かった。彼らは旅芸人や渡り芸人としての地位を確立し、未知の国にも自由に出入りすることができた。そんな彼らの特殊性に注目し、スパイとして活用する為政者もいたが、それによって世間の人たちは傀儡子を警戒するようになり、「社会秩序からはみ出した者」として冷眼視した。傀儡子は不思議な手品をするなど怪しげだったので、「鬼」的な存在として見られたと考えられる。

「ヒノカミ神楽」も近所の人たちが見にくるようなものではなく、竈門家の当主が年の初め、日没から夜明けまでひとりで延々と舞い続けた。雪が降り積もった山中において、全部で12ある舞い型を、夜明けまで何百何千何万と繰り返したのだ（第151話）。

竈門家が周囲から孤立していたという描写はないが、積極的に里の人々と交流があるようにも描かれていない。里の人たちは、「ヒノカミ神楽」をどういった目で見ていたのだろうか。「ヒノカミ神楽」を代々継承した竈門家は漂泊民ではなかったが、人里離れた山中に家を構えていた。山中で技芸を継承する竈門家は、中世における芸能集団・傀儡子の姿と重なるのだ。

時《とき》透《とう》無《む》一《いち》郎《ろう》にみる山中で生活する「サンカ」

山で育った鬼殺隊のメンバー

日本列島の地形は起伏に富んでおり、山地の面積は国土の約3分の2を占める。大部分が森林に覆われているため、社会の秩序から落伍した漂泊民が暮らしていた。戦いに敗れた武士が山奥へ逃れ、ひっそり暮らしたという隠れ里伝説も多く、平家の落人伝説がよく知られている。また、NHK大河ドラマ『麒麟《きりん》がくる』の主人公である明智光秀が故郷の美濃へ逃れ、「荒深小五郎」と名を変えて隠れ住み、関ヶ原の戦いに参加しようとしたが洪水で命を落としたという伝説もある。

山地には田畑がほとんどなかったので、山の人々はマタギ（狩猟を生業とする人）や木《き》地師《じし》（椀や盆などの木工品を加工・製造する職人）、杣人《そまびと》（杣木を伐ったり、運び出したりする人）などで生計を立てた。マタギの語源には「叉鬼《またぎ》」とする説もある。

『鬼滅の刃』の鬼殺隊の「柱」である時透無一郎の父は杣人で、現在の東京都八王子市と神奈川県相模原市にまたがる景信山《かげのぶ》（標高727メートル）で木を伐る仕事をしていた。だが無一郎が10歳のとき、父は薬草を採りに行って崖から転落死する。母は風邪をこじらせて肺炎になって死に、双子の兄・有一郎と2人きりになった。ある夏の夜、鬼の奇襲を受けて兄は深傷《ふかで》を負い、無一郎は激しい怒りで朝日が昇るまで鬼と交戦した（第118話）。山出身の者は鬼殺隊に多く、主人公・竈門炭治郎、山中で猪に育てられた嘴平伊之助などがいる。

「山に住む人」としては、山間部を漂泊しながら生きた「サンカ（山窩）」と呼ばれる人たちがいた。『広辞苑』では、「村里に定住せずに山中や河原などで、家族単位で野営しながら漂泊の生活をおくっていたとされる人々」と定義されている。昭和中期までサンカはいたといわれ、戸籍を持たない者も多かったという。

「サンカ」という呼び名は外部からの呼称で、地域によっては「ポン」「カメツリ」「ミナオシ（箕直）」「ミツクリ（箕作）」「テンバ（転場）」などと呼ばれる。漢字で書き記すときも、「山窩」「山家」「三家」「傘下」などの表記があるが、統一された表記法はなかった。

権力と交わらずに暮らした謎多き民

山に生まれ、山で生活し、山で一生を終えた「サンカ」の暮らしは、その多くが謎に包まれている。起源についても諸説あり、ヤマト王権によって山間部に追いやられた人たちの末裔、中世の遊芸民や職能集団を始まりとする説、幕末維新の動乱期に山間部へ避難した人たちなどの説がある。

人口が正確に調査されたことはないので、「サンカ」がどれくらい存在したのかはわかっていない。しかし、明治期には全国に約20万人、昭和20年代に入っても1万人ほどいたと推定される。にもかかわらず、その実態がいまいちよくわかっていないのは、彼らの漂泊移動が激しく、その移動の跡がつかみにくかったからだ。また、「サンカ」が日本の政権に政治や経済、軍事、文化、宗教といった面で何か影響を及ぼす勢力ではなかったため、長らく研究対象とされてこなかった。

加えて、「サンカ」の人たちが、自らの存在を公にするのをよしとしなかったという説もある。「サンカ」は日本が高度成長期に差しかかった昭和30年代に入ると急速にいなくなったが、生活環境が変わったことで一般の人たちに紛れて暮らしはじめたともいわれる。それでも、日本民俗学の創始者である柳田国男《やなぎたくにお》は警察の依頼を受けて現地調査を行っているので、まったく何も調べていなかったわけではない。「サンカ」の語が一般にも広く知られるようになったのも、戦後に三角寛《みすみかん》が「サンカ」を題材にした小説を発表してからである。

研究や小説などによると、「サンカ」は戸籍を持たず、転々としながら過ごした。河原に天幕を張ったり、人目がつきにくい場所に急ごしらえの小屋を設けたりして、川魚などの捕獲や山の恵みなどの採取を生業とした。また、箕《みの》やザルといった竹を主原料とする製品を作り、農家を訪れては穀物と交換したという。一方で、私的所有権についてよく理解していなかったようで、村に侵入して盗みを働くこともあった。言語は基本的に日本語を使用したが、独自の言葉と文字も使っていたという。

「サンカ」がどのような人たちだったのかについては、今も多くの謎が残る。だが一方で、『鬼滅の刃』の時透無一郎のように、日本人が神聖とみなす山で生まれ、成長してきた人が実際にいたことは間違いない。

宇髄天元《うずいてんげん》にみる闇に生きる戦闘集団「忍者」

情報収集の任務では生きて帰るのが最も大事

『鬼滅の刃』の音柱・宇髄天元は元忍《しのび》で、吉原遊郭では竈門炭治郎たちとともに上弦の陸・妓夫太郎と堕姫の兄妹と戦っている（第76話）。実際の忍者や忍術が誕生した時期については諸説あるが、飛鳥時代に聖徳太子が大伴細人《ほそひと》を情報収集役として起用し、彼を「志能備《しのび》」と呼んだのが「忍」の起源だったともいう説もある。太子は一度に数人の訴えを聞くほど聡明《そうめい》だったとされているが、実際は細人の貢献が大きかったともいわれる。

ただし、「志能備」は現在私たちが想像する忍者とは異なっていたとみられる。忍者といえば手裏剣や鎌を使った戦闘集団というイメージがあるが、どちらかといえば、ひそかに敵の様子を探って味方に報告する間諜《かんちょう》のような役割を担っていた。

また、忍が「忍者」と呼ばれるようになったのは戦後を過ぎてからで、戦前は「忍術使い」が一般的な呼び方だった。江戸時代以前は統一された呼称はなく、大名家によって呼び名が異なっていた。例えば、武田家は「透破《すっぱ》（素破《すっぱ》）」、織田家は「饗談《きょうだん》」、徳川家は「隠密《おんみつ》」、上杉家は「軒猿《のきざる》」といった感じだ。「透破」がさまざまな情報をひそかに収集し、明るみにしたことから、「すっぱ抜く」という言葉も生まれている。

忍が確かな史料でその存在が確認できるのは南北朝時代で、室町幕府の執事・高師直《こうのもろなお》が「忍び」を使ったという記述が『太平記』にある。戦国時代になると忍の重要性が高まり、放火や破壊、夜討ち、待ち伏せなど、主君の命でさまざまな任務をこなした。中でも重要だったのが敵方の情報収集で、『鬼滅の刃』でも、忍出身の天元が遊郭で潜入捜査をしていた「くノ一」出身の3人の〝妻〟から、たくさんの情報を手にしている（第71話）。

とはいえ、せっかく大事な情報を入手しても、それを雇い主に伝えなければ何の意味もない。途中で殺されてしまったら、こちら側の機密情報が敵方へ流出するおそれもあるからだ。そのため、極力戦闘を避け、生きて帰ってくることが最重要視された。

『鬼滅の刃』では、遊郭潜入後に鬼が上弦であることに気づいた天元が、まだ階級が低かった炭治郎と嘴平伊之助に帰隊を促している。炭治郎は承服しなかったが、天元は「恥じるな。生きてる奴が勝ちなんだ」と諭《さと》している（第75話）。剣士なら勇んで戦う場面でも、忍出身の天元は冷静さを保っていたのである。

忍者といえば黒装束の格好を思い浮かべる人も多いが、実際の忍は農民や町人、僧侶などに変装して諜報活動をしていた。現代でも本物のスパイはどこにでもいるような姿をしている。天元は「柱」として戦闘活動も行い、振るまいも派手だったので、遊郭に潜入して情報収集していた天元の妻たちのほうが本物の忍に近かったといえる。

過酷な訓練で鍛え上げられた宇髄天元

忍にはさまざまな流派があるが、特に有名なのが伊賀流と甲賀流《こうか》である。四方を山に囲まれた伊賀や甲賀は周辺大名の影響がさほど及んでおらず、忍による自治体制が発達していた。忍たちは、近隣諸国から仕事を依頼されることも少なくなかった。甲賀流は基本的に主君に対して忠義を尽くしたが、伊賀流は金銭で雇われる傭兵《ようへい》的な性格が強い集団だった。そのため、同じ伊賀流同士で命を奪い合うというケースもあったという。

戦国時代には大名たちから引っ張りだこだった忍だが、平和な江戸時代になると、目立って活躍できるような機会は失われてしまう。上弦の陸の鬼との戦いで毒の攻撃を受けた天元が「俺は忍の家系なんだよ。耐性つけてるから毒は効かねぇ」といったときには、堕姫から「忍なんて江戸の頃には絶えてるでしょ」と返されている（第87話）。

とはいえ、忍者が完全に絶えたわけではなく、伊賀流は徳川家に召し抱えられて幕府の御用忍者となった。彼らは幕府のために諸大名の動向を探るだけでなく、江戸城下の治安警護、空き家になった屋敷の管理なども担った。

天元の時代は、すでに忍は過去のものであった。しかし、一族が衰退していく焦りから、天元の父は取り憑《つ》かれたように過酷な訓練を子どもたちに強いた。その結果、9人いた姉《きょう》弟《だい》は次々と死に、生き残ったのは天元と彼の2つ下の弟の2人だけであった（第87話）。

流派は不明だが、厳しい訓練を課されたことから、体術に優れた伊賀流だったと推測される。その影響もあってか、最終決戦を前にして行われた「柱」による連合稽古では、徹底的な基礎体力の向上をはかっている（第130話）。

明治・大正期に入っても忍のような仕事は求められており、日本軍にも情報収集や謀略工作を司る特務機関が設立されている。忍そのものが存在しなくなっても、その流れは確実に今に受け継がれているのだ。

鋼鐵塚蛍《はがねづかほたる》にみる製鉄の専門集団「産鉄民《さんてつみん》」

森林をことごとく伐採して禿《は》げ山をつくる民

『鬼滅の刃』では、鬼殺隊の刀を手入れする刀鍛冶たちが住む隠れ里が出てくる。鬼の襲撃を防ぐため、里がある場所は鬼殺隊にも隠されている（第100話）。主人公・竈門炭治郎の刀をつくる鋼鐵塚蛍は癇癪《かんしゃく》持ちだが腕は確かで、心身を集中させて刀を研ぎ直し続ける集中力の持ち主でもある（第117話）。

鬼舞辻無惨によって場所を突き止められ、上弦の鬼の半天狗《はんてんぐ》と玉壺を差し向けられて犠牲者が出たが、炭治郎や「柱」の剣士である甘露寺蜜璃や時透無一郎たちの活躍でこれを撃退。里は損害を被ったが、刀鍛冶たちは何かあったときのために〝空里《からざと》〟を用意しており、そちらに拠点を移した（第128話）。『鬼滅の刃』の大正時代は廃刀令が出てから30年以上経っていたので、刀の需要は激減していた。そのため刀鍛冶はとても貴重な存在で、鬼殺隊は自分たちの刀をつくってもらうため、優秀な人材を里に匿っていた。

刀鍛冶が里から里へ移る光景は、日本の「産鉄民（製鉄民）」に似ている。その名の通り、鉄を製造する技術を持った人たちのことだが、古代の場合は少し事情が違った。

古代の日本列島では、粘土でつくった炉に原料の砂鉄あるいは鉄鉱石と還元のための木炭を入れ、風を送って炉内の温度を上げる「たたら」と呼ばれる製鉄法で鉄をつくっていた。「たたら」の名称については諸説あるが、『古事記』には百済《くだら》や新羅との交渉の場として「たたら場」「たたら津」などの呼称が出てくるので、大陸や朝鮮半島から製鉄技術と一緒に伝わった可能性もある。

たたら製鉄は大量の木炭を燃料としたので、山地の樹木をことごとく伐採した。そのため、たたら製鉄が行われた地域は禿げ山になり、洪水が起きやすくなった。また、砂鉄を洗い出した泥を流すので、下流の田畑にも悪影響を及ぼした。産鉄民は砂鉄を掘り尽くし、木を伐り尽くしたら、次の場所を求めて移動した。農民たちからすれば迷惑この上ない所業だったので、人々は産鉄民を奇異な目で見た。一方で、近隣住民に配慮し、冬のみ行う産鉄民もいた。また、たたら製鉄の中心地である奥出雲地方では、禿げ山化を防ぐために25〜30年周期で計画的な伐採を行っていた。

古代日本で重要視された「鉄」

農業や環境に害を及ぼす存在にしか見えない産鉄民だが、実は古代国家形成の立て役者であった。古代日本において鉄器の使用が本格的に始まったのは弥生時代とされ、稲作技術とともに大陸や朝鮮半島から伝来したとされる。当初は朝鮮半島からの輸入に頼る部分が多く、鉄素材の供給ルートを掌握したヤマト王権が権力者の地位を得るなど、鉄は政治を左右する存在でもあった。

倭国《わこく》（ヤマト王権）は4世紀に入ると朝鮮半島に積極的に進出したが、半島南部にある鉄資源の確保が主たる目的だったと考えられる。現在の中国吉林省にある広開土王碑《こうかいどおうひ》（好太王碑《こうたいおうひ》）には、391年に倭国の軍勢が朝鮮半島で高句麗《こうくり》と戦ったことが刻まれている。

一方で、産鉄民を天狗や鬼として見る人もいた。摩訶不思議な技術を使うのも理由のひとつだが、大きな原因のひとつに彼らの風貌があった。産鉄の技師は顔が火やけして、風貌が赤い人が多かった。そのため、彼らを天狗や鬼として見る人もいた。『鬼滅の刃』に出てくる刀鍛冶は皆ひょっとこのお面をかぶっているが、これは鬼に身元が割れるのを防ぐだけでなく、鍛冶をしているときに火の粉が目に入るのを防ぐ狙いがあったと考えられる。

産鉄民も目を守るためにお面をかぶったと思われるが、それが鬼のように見えたのか、鉄と鬼には非常に深い結びつきがあった。例えば、酒呑童子の伝説で知られる大江山がある丹後地方は古くから大陸との交流が盛んで、この地に土着した渡来人が高度な金属精錬技術によって富を得ていたといわれる。また、鉄鉱石の産地だった吉備地方（現在の岡山県）には、『桃太郎』のような鬼が出てくる伝承がいくつもある。主人公の桃太郎が犬、猿、キジを連れて鬼をやっつける「元祖・鬼退治」の物語だが、「桃太郎が倒した鬼は産鉄民だった」という考察もある。

産鉄民の製鉄技術は武力にも通じていたが、中には王の地位を獲得するほどの指導者もいた。中央政権に逆らった勢力は滅ぼされたが、それを物語化して後世に伝えたのが『桃太郎』だったという説もある。『鬼滅の刃』は「ヒノカミ神楽」や「柱」など、日本神話とも関係性が深い言葉が数多く出てくる。刀鍛冶を大事にする描写があるのも、古代日本で鉄が重要視されていたことと関連づけているのかもしれない。

悲鳴嶼行冥にみる優遇制度があった「盲人」

盲人の地位向上や生業の安定を目指した「当道座《とうどうざ》」

『鬼滅の刃』には、盲目のキャラクターが出てくる。岩柱・悲鳴嶼行冥は「柱」のまとめ役で、その実力は「鬼殺隊最強」ともいわれる。彼の強さが際立って描かれているのが、無限城での上弦の壱・黒死牟との戦いである。黒死牟は鬼殺隊士の時透無一郎や不死川玄弥《しなずがわげんや》をあっという間に戦闘不能に追い込み、悲鳴嶼と不死川実弥《さねみ》の2人の「柱」を相手に圧倒的な力を見せつける。しかし、悲鳴嶼の武器である手斧《ておの》と鉄球を鎖でつなげた特製の日輪刀は、鎖を振り鳴らす音の反響で空間や動きが正確に把握できたので、盲目でもしっかりと対峙《たいじ》することができた。上弦の鬼の中で最強を誇る黒死牟も、「これ程の剣士を拝むのは…それこそ三百年振りか…」と、悲鳴嶼の強さを認めている（第169話）。

明治時代以前の日本には、今のような社会保障制度は整備されていなかったが、男性盲人の職能組合（ギルド）である「当道座」という自治的互助組織があった。ちなみに、盲目の女性のための「瞽女座《ごぜざ》」という組織も存在していた。当道の祖は9世紀の仁明《にんみょう》天皇の第4皇子・人康《さねやす》親王で、彼もまた両目を患い山科に隠棲していた。彼は盲人たちに琵琶や管弦、詩歌などを教え、琵琶法師の祖神として敬われている。

鎌倉時代には『平家物語』が大流行したが、その一翼を担ったのが琵琶法師だった。琵琶の伴奏に合わせて物語を語る法師たちは「平家座頭」と称され、村上源氏中院の庇護《ひご》管理下に入った。ちなみに、『鬼滅の刃』では十二鬼月から「琵琶女」と呼ばれた、鳴女という盲目の鬼が出てくる。鬼の首魁・鬼舞辻無惨の側近で、無限城の戦いでは城の構造を自在に操り、無惨が回復するまでの時間稼ぎをしている。

室町時代に入ると、琵琶法師の明石覚一《かくいち》が『平家物語』のスタンダードともいうべき「覚一本《かくいちぼん》」をまとめた。さらに、足利出身だったことから室町幕府の庇護を受け、当道座を開設した。江戸幕府の時代には、按摩《あんま》や鍼灸《しんきゅう》の分野か、琴や三味線といった音楽の分野を職業とする人たちが中心の組合になった。

当道座には盲人の地位向上や生業を安定させるという目的があり、世襲は関係なく、職業上の業績が認められることで盲官位が昇進していく仕組みになっていた。そのため、当道座は盲人同士の利益を守るだけでなく、若い盲人を育てる役割も担っていた。鍼灸は今も視覚障害者が従事することが多い職業のひとつだが、盲人で検校の杉山和一《わいち》は、1680年頃に世界初の盲人向けの訓練施設である「杉山流鍼治導引稽古所」を開設している。

盲官位には検校・別当・勾当《こうとう》・座頭という4つの位階があり、さらにそこから細分化されて合計73もの階級があった。最高位である検校の社会的地位は高く、当道座のトップである惣録《そうろく》検校は15万石程度の大名と同程度の権威と格式を有した。著名な検校には、『群《ぐん》書類従《しょるいじゅう》』の編者で学者の塙保己一《はなわほきいち》がいる。

明治維新を機に盲人の特権制度が失われる

盲官位にはたくさんの階級があったが、それゆえに昇進には非常に長い年月を要した。そのため、幕府からは金銀による盲官位の売買が認められていた。最低位から検校位まで上がるには、総額で700両以上必要だったといわれる。

盲官位を買う資金づくりのためにという理由で、幕府は当道座の盲人に対して「座頭金」または「官金」と呼ばれる金貸し業を認めていた。幕府公認なので、ほかの債務に対して取り立ての優先権が保障されており、高金利で期限も短く、取り立ても非常に厳しかったとされる。あまりに暴利を貪《むさぼ》りすぎて、全財産没収のうえに江戸から追放される処分を受けた盲人もいるほどだった。ちなみに、幕末に活躍した勝海舟の曾祖父も盲人で、当道座で鍼《はり》などの技術を身につけたあと、金貸し業で財を得て検校となった。最終的には旗本株を買い、子孫は「幕臣」の地位を得ることができた。

このように、中世から近世にかけての盲人は、当道座を通して制度的な優遇を得ていた。『鬼滅の刃』に出てくる上弦の肆・半天狗は自らを盲人と偽り、他人の善意につけ込んで盗みと殺人を繰り返したが（第126話）、その性格から幕府が行った盲人保護政策の恩恵にもあずかろうとしたとも考えられる。

明治に入ると盲人に対する制度的な優遇措置が改められ、明治4年（1871）の太政官布告第568号「盲人ノ官職自今被廃候事」によって盲人の官職が廃された。これによって盲人たちは当道座に縛られることなく職が選べるようになったが、特権を失ったことで、盲人の社会的地位は低下した。大正～昭和初期には盲人の教育や福祉を向上させる議論も一部で起きたが、何事にも富国強兵が優先されるようになり後回しになった。

栗花落カナヲにみる「人身売買」された子どもたち

戦国時代には日本人を奴隷として売る行為が多発

鬼殺隊の女隊士・栗花落カナヲは、物語中盤までは感情が乏しい「心を失った少女」だったが、その背景には幼少期の過酷な生い立ちが関係している。カナヲは両親から無意味な虐待を受け、泣くと蹴飛ばされ、引き摺《ず》り回されて水に浸けられたりした（第163話）。「次の朝には冷たくなってた兄弟」も何人かいて、最終的には人身売買に出された。人買いの場に出てきたカナヲは蚤《のみ》だらけで汚く、縄で縛られて犬のように引っ張られていた。しかし、そこで胡蝶カナエ・しのぶ姉妹に引き取られ、肉親のように大事に育てられた（第7巻・番外編）。カナヲはカナエとしのぶを本当の姉のように慕ったが、カナエが死んだときに涙が流せないほど、幼少期の虐待はトラウマとして残り続けた。

日本における人身売買の歴史は古く、最古の正史である『日本書紀』にも記載がある。「今年（676年）は凶作だったので、子どもを売る許可がほしい」という要請があったが、朝廷によって却下されたという。また、奈良時代に施行された養老律令には、「子どもの同意がない人買いをしたら、親を百叩きの刑に処す」と定められた。人身売買は表向きには罰則の対象となったが、平安時代後期以降になると、人商人《ひとあきびと》や売買仲人による売買が盛んに行われるようになる。戦国時代にポルトガル船が来航すると、主に九州の大名たちが外国商人から鉄砲を購入するため、日本人を奴隷として外国に売り飛ばした。これが豊臣秀吉によるバテレン追放令や、江戸幕府の鎖国体制の構築につながった一因とみられる。

江戸時代に入ると、国内治安の徹底によって人買い行為は沈静化する。ただし、貧しい農民や都市の下層民の娘を遊女として売るのは、例外的に認められていた。明治5年（1872）には芸娼妓《げいしょうぎ》解放令が発せられ、遊女の人身売買が規制されたが、この法令が実質的に機能したとはいい難かった。『鬼滅の刃』では、江戸最大の規模を誇った吉原遊郭も登場する。江戸時代に比べると規模が縮小したとはいえ、変わらぬ繁栄を誇っていた。だがその裏には、親に売り飛ばされた女性たちの悲しい歴史があったのである。

鱗滝左近次にみる神隠しをおこす「天狗」

鱗滝左近次のモデルはサルタヒコだった!?

『鬼滅の刃』で主人公の竈門炭治郎に「水の呼吸」を用いた剣術を教えた鱗滝左近次は、つねに天狗の面をかぶっている。かつては鬼殺隊の水柱だったが、第一線を退いた後は将来の鬼殺隊士を育てることに精力を注いでいる。天狗のルーツになったのが、『古事記』や『日本書紀』にも記載があるサルタヒコだったともいわれる。

『日本書紀』には、サルタヒコの容貌について「身長は7尺（約210センチ）、目の大きさが八咫鏡《やたのかがみ》ほど（直径約45センチ）、鼻の長さは7咫《あた》（約126センチ）」と記されている。大男で鼻が相当長かったことから、天狗の起源はサルタヒコだったともいわれる。また、サルタヒコは「みちひらきの神様」とも呼ばれる。アマテラスの孫であるニニギは地上世界を治めるために高天原から遣わされたが、道案内をするために出迎えたのがサルタヒコだった。鱗滝は天狗の面をかぶり、次代の鬼殺隊士を育てる「みちひらき」をしたサルタヒコがモデルだったと捉えることもできるのだ。天狗は深山に棲息する想像上の生き物で、一般的に山伏の格好で、赤ら顔で鼻が高く、翼があって空中を浮遊したとされる。「天狗」は中国において凶事を伝える流星を意味し、天から地上へ災禍をもたらす凶星として恐れられた。

日本の記録で最初に登場するのは『日本書紀』で、637年に巨大な星が轟音を立てて都の空を流れ、人々がその正体について論じていたところ、唐帰りの僧・旻《みん》が「あれは天狗だ」といったという。このような天狗星が地上に落ちるのは不吉な兆しとされ、以後、天狗は天から地に降りた存在として語られるようになる。ただし、これ以降は流星を天狗と読んだという記録はない。

日本では山を「神が住まう場所」と神聖視し、畏《おそ》れの対象とされてきた。そのような場所に籠もって修行をする山岳信仰を修験道といい、それを実践する者を修験者または山伏と呼んだ。彼らは普通の人にはない超人的な力を得るため、山中で火渡りや滝打ちといった過酷な苦行に臨んだ。すべては世の中を救うための行為だったが、このような修行が人里離れた山中でひそかに行われているとしたら、事情を知らない人たちは気味悪く思ったはずだ。厳しい修行を終え、山から降りてきた山伏を見て「天狗が山から降りてきた」と思ったことだろう。こうした体験が語られるうちに、天狗伝説として広まったのである。

子どもが神隠しに遭う「天狗さらい」

『平家物語』には、天狗について「人にて人ならず。鳥にて鳥ならず。犬にて犬にもあらず。足手は人、かしらは犬、左右に羽生えて飛びあるくもの」と語られている。また、「性格が驕慢《きょうまん》であるために仏法を守る者や賢者になり切れず、かといって悪人にもなり切れない滑稽《こっけい》な存在」とある。天狗が親しみやすい存在として語られる理由のひとつでもある。

一般に、悟ることができない者が天狗道に落ちるとされるが、生前に良い心を持った者は善天狗となり、修行僧をひそかに助けたり、危険な道のりを参詣する人たちを守ったりした。しかし、悪天狗は修行僧の邪魔をしたり、幻術や憑依《ひょうい》能力を使って悪の行為に及んだ。江戸時代には、子どもが消息を絶つ原因は天狗のせいとみなされ、「天狗さらい」とも呼ばれた。

国学者・平田篤胤《あつたね》の『仙境異聞』の執筆に協力した寅吉は、常陸《ひたち》国にある岩間山の十三天狗の頭領・杉山僧正に連れ去られ、天狗と生活を共にしたと語っている。『仙境異聞』には、天狗の相貌について「天狗の年齢は200歳から1000歳。稀に3000歳の者もいる。羽団扇《うちわ》は空に上るときも降りるときにも用い、妖魔を払って悪獣悪鳥を殺すときにも用いる。姿は山伏に共通する」と書かれている。同書には天狗の食生活に関する記述もあり、「魚や鳥を煮たり焼いたりして喰うが、四足獣は喰わない。田螺《たにし》、餅、蜜柑《みかん》、葡《ぶ》萄《どう》が好物で、苺、桑の実、梅、えびかつら、柿、櫟《くぬぎ》の実も喰う」とある。また、江戸幕府の御広敷《おひろしき》番頭の稲田喜蔵が記録した『壺蘆圃《ころほ》雑記』にも天狗の食に関する記述があり、「松葉、竹葉、猿の仔、魚肉、五穀は喰わず、金銀は用いない」と書かれている。

この『壺蘆圃雑記』は、天狗界を往来したことで江戸で評判となった神域四郎兵衛正清の話をまとめたものである。天狗の風貌についても、「髪は肩のあたりまで伸ばし、瞳は黒くその周りは黄色で目の縁も黒い。衣服は深山には綿に似たものがあるので、それを織って着る。（中略）天狗同士の争いはないので殺人としての術は習わぬが、不敗の術は習うから、人がどんな武器をもってかかっても、決して敗れることはない」とある。

『鬼滅の刃』の鱗滝左近次は面をかぶっているだけなので天狗ではないが、未来の鬼殺隊士を育てたことから、〝善天狗〟だったといえる。

嘴平伊之助にみる5000人いた「捨て子」

身寄りのない子どもたちを育てた悲鳴嶼行冥

竈門炭治郎の同期の剣士・嘴平伊之助は、猪に育てられた「捨て子」である（第10巻・番外編）。伊之助のように、野生動物に育てられた「捨て子」はごく稀に存在する。例えば、3歳から8歳まで犬の群れの中で生きた少女は4本足で行動し、人間の言葉がほとんど話せなかった。しかし、伊之助の場合は一時期、面倒を見てくれた老人とその孫のおかげで、言葉のボキャブラリーは割と豊富だった。

江戸時代までは、赤ん坊を捨てる行為は特に珍しいものではなかった。平安時代の『日本霊異記』には、男遊びに精を出す母親が子どもを放置し、乳を与えずに飢えさせた話がある。

捨て子が取り締まりの対象になったのは、「生類憐《しょうるいあわれ》みの令」を出した5代将軍徳川綱吉の時代からだ。捨て子の原因には、多産多死や生活難などがあった。昔は今よりも幼児の死亡率が高く、幼児の人権が相対的に軽視されていたので、捨て子に対する抵抗感は今よりも薄かったようだ。一方で、捨て子を拾って我が子のように育てる人も珍しくなかったので、子どもの〝一発逆転〟を願って、金持ちの家の門前や寺院の境内に捨てる親もいた。

また、昔は「捨て子はよく育つ」といういい伝えがあり、親の厄年に生まれたり、体の弱い子が生まれたりしたときは、形式的にいったん捨てて、すぐに拾うと丈夫に育つという迷信もあった。豊臣秀吉はこの迷信を信じ、生まれた我が子を「捨《すて》」と名付けている。明治に入っても捨て子は年間5000人以上いたが、大正、昭和と時代を経るごとに減少。昭和初期には600〜700人、昭和50年代には200〜300人程度まで減少した。

一方で、身寄りのない子どもを育てる孤児院（児童養護施設）の設置も相次いだ。資本主義によって明治の日本は急速に発展したが、社会福祉制度の整備が追いつかず、貧困住民が増えて多くの捨て子が発生した。こうした状況を打開するため、孤児院が次々と設立された。『鬼滅の刃』の「柱」のひとりである悲鳴嶼行冥も、鬼殺隊に入る前は寺院で身寄りのない子どもたちを育てていた（第135話）。

伊黒小芭内にみる幽閉された「特殊児童」

12歳まで座敷牢の中で暮らした伊黒小芭内

『鬼滅の刃』の舞台となる大正時代は、精神障害を含めた「特殊児童」に対する教育機会の提供や保護などに向けての機運が高まりはじめた時代だった。日本における盲《もう》・聾《ろう》教育のはじまりは明治11年（1878）年に設立された京都盲唖《もうあ》院で、大正12年（1923）年には文部省令「公立私立盲学校及聾唖学校規程」が公布され、盲唖学校が盲学校と聾唖学校（後の聾学校）に分離された。現在は「特別支援学校」に呼称が統一されている。

「特殊児童」は、心身に障害があるために教育上特別な教育を必要とする児童を指すが、現在はあまり使用しない表現である。彼らを対象とする教育は2000年代まで「特殊教育」と呼ばれたが、現在は、「特別支援教育」に統一されている。

一方で、自宅の座敷や土間、あるいは家の敷地内の隅に、精神障害の家族を幽閉するための「座敷牢」を設けることも少なくなかった。医学が発展した現代とは異なり、障害児は人々が抱く「人間の概念」から外れた人たちとして、今とは比較にならないほど差別視されたのである。このような〝監視〟が行われた背景には、明治から昭和中期にかけての精神医療の方針があった。当時は精神科病院や精神科病棟が不足していたので、自宅の離れなどに精神障害者を住まわせる「私宅監置《したくかんち》」が行われた。行政庁の許可を得て行う制度で、患者の後見人や配偶者に保護の義務があった。監禁が公的に認められているという、近代国家では極めて異質な制度だ。しかし、金銭的にも身体的にも相当な負担がかかり、最終的に破産する者も少なくなかったので、昭和25年（1950）の精神衛生法施行によって私宅監置は禁止された。

『鬼滅の刃』では鬼殺隊の「柱」の伊黒小芭内も、生まれたときからずっと座敷牢の中で暮らしてきた（第188話）。自身の出自を「汚い血族」とし、自責の念にかられながら「柱」としての務めを果たした。実際に座敷牢での隔離された生活を送った子どもたちも、何かしらの心の傷を負っていたはずだ。

コラム

昭和まで存在した「権力が及ばない地域」

古くより山中は人以外の神仏やもののけが棲む地、この世ではない浄土と考えられた。そしてそのような人の力が及ばない地域に棲む人々もまた鬼や天狗などと見られた。『鬼滅の刃』は大正時代の物語だが、当時はまだ山地に定住地を持たず、国の統制下に属していない漂泊民がいたと考えられる。それが可能だったのは、日本列島の山地に自然の恵みが満ちあふれていたからだ。権力が及ばない地域を「アジール」といい、国家権力が強まった明治以降は減少傾向にあり、昭和30年代にはほぼ消滅した。

民俗研究者の筒井功氏は全国各地にある「アジール」の痕跡を回っているが、非定住民が使っていたとされるテントも発見している。これはつまり、少なくとも半世紀余り前までは、漂泊の民が過ごす場所があったことを示している。国の統制下にないということは戸籍を持たず、あらゆる行政サービスを受けず、税金や徴兵の義務なども負担していなかったことを意味する。要するに、「国民」ではないということだ。かつて朝廷の支配下に入らず、鬼とされた「まつろわぬ民」は、昭和前期まで残っていたのである。

第4章

新考察『鬼滅の刃』の謎

なぜアニメ『鬼滅の刃』は大ヒットしたのか

『鬼滅の刃』は大正何年の物語か

最終選別の「手鬼」の発言

『鬼滅の刃』が大ヒットしたきっかけは、2019年4月からはじまったアニメ放送である。アニメ開始前の2019年3月のシリーズ累計発行部数は350万部だったのが、アニメ放送が終了した9月には約1200万部へと急増した。その理由はアニメ放送の最中の2019年5月1日に平成から令和への改元が行われたことが考えられる。なぜなら

『鬼滅の刃』が明治から大正へ改元した直後を舞台にした物語だからだ。まず物語のスタートの具体的な年を考察してみよう。

公式ポータルサイトには、「時は大正、日本」とあり、第1話から大正時代だったことがわかる。第7話で最終選別が行われた藤襲山《ふじかさね》に登場した「手鬼」は、竈門炭治郎に「今は明治何年だ」と聞いている。炭治郎は「今は大正時代だ」と答える。すると「手鬼」は「年号がァ!! 年号が変わっている!!」と嘆き、「俺を捕まえたのは鱗滝だからなァ」「忘れもしない四十七年前」「江戸時代…慶応の頃だった」といっている。大正元年（1912）の47年前は慶応元年（1865）になる。慶応は4年までしかなかったため、最終選別が行われたのは、大正元年から大正4年（1915）の間ということになる。炭治郎は「手鬼」と戦う前に、鱗滝左近次のもとで2年間修業したことから考えると、第1話は大正元年か大正2年（1913）、最終選別は大正3年（1914）か大正4年になる。

第1話で雪が積もる中、炭治郎は「正月になったらみんなに腹いっぱい食べさせてやりたいし」と発言しており、旧正月直前である2月上旬と推測できる。大正元年は7月30日からはじまるため、物語のスタートは、大正2年、最終選別は大正4年ということになる。『鬼滅の刃』は2019年と同じく、時代が変わった直後を舞台にしているのだ。

大正時代を舞台にした理由

明治と平成の共通点

『鬼滅の刃』は明治から大正へと改元が行われた翌年を舞台にしており、アニメが大ヒットした令和元年、8000万部を突破した令和2年とリンクしているのは偶然ではないだろう。なぜならば明治時代と平成時代には共通点が多いからだ。明治時代は265年続いた江戸幕府から明治新政府へと大きな政権変更があり、行政機構が刷新された。諸外国との交流が活発化し、農業主体から軽工業、さらに重工業へと産業革命が起きた。大きな動乱を経てそれまでの価値観がひっくり返り、生活スタイルが一新された時代といえる。

平成もバブル崩壊からはじまり、高度経済成長から右肩上がりだった日本経済が崩壊、それまでの経済至上主義、仕事第一の価値観が一変した。1990年代に携帯電話の普及、2000年代のIT革命、2010年代にはアップル社のiPhoneをはじめとするスマホの普及など、次々と技術革新が起こり、働き方や生活スタイルは大きく変わった。

鬼が生まれる「時代のはざま」

このような大きな時代の変化が起きると、必ず社会問題が起きる。日本の過去の歴史において「鬼」が多く生まれる時代というのは、このような時代と時代のはざまであることが多い。江戸時代は江戸幕府や町人文化、明治時代は文明開化というように、多くの人は時代ごとにある程度固定的なイメージを持つ。しかし、2019年は平成31年でもあり、令和元年でもある、というとてもあやふやな年となる。これは明治から大正に移り変わった1912年においても同じだ。このような時代のイメージがあやふやな境界線上にいる時、人は精神的な不安定な状態に陥りやすく、「人ならざる者」「人智が及ばない闇の力」である「鬼」が生まれるのである。

例えば、幕末から明治時代初期には、第2章で紹介したリアル鬼殺隊・源頼光と四天王の浮世絵が多く刷られた。江戸時代という長期にわたる政権から新政権への移行にあたって、平安時代の鬼の話が民衆の間で求められた。『鬼滅の刃』が大ヒットした一因のひとつに、時代のはざまである大正初期を舞台にした鬼退治の物語が誰もが無料で目にできるアニメのかたちで、平成から令和へと移り変わる時代のはざまに放映されたからと考えられるのだ。

なぜマンガ『鬼滅の刃』は大ヒットしたのか

新型コロナウイルスと鬼の意外な関係

日本と疫病の歴史

2019年のアニメ放送をきっかけに『鬼滅の刃』の人気に火がついた理由として、物語の舞台と現代が両方とも「時代のはざま」であった点を指摘した。『鬼滅の刃』はアニメの大ヒットで終わらず、2020年にシリーズ累計発行部数が8000万部を突破するなど、さらに爆発的ヒットへとつながった。その一因として、新型コロナウイルスの流行があると考えられる。

２０２０年、新型コロナウイルスの流行が世界を席巻した。実は疫病と鬼は古くからの深いつながりがあり、『鬼滅の刃』もまた鬼＝疫病とする描写が多く見られるのだ。夏に高温多湿となり、冬に低温低湿になる日本ではしばしば疫病が流行した。奈良時代の天然《てんねん》痘《とう》と思われる天平《てんぴょう》の疫病、平安時代の麻疹《はしか》、江戸時代には梅毒《ばいどく》のほか、疱瘡《ほうそう》・麻疹・疫《えき》痢《り》・フィラリア症・天然痘などが流行した。さらに幕末にはコレラがたびたび流行し、１８５８年のコレラによる死者は３万人を数えたといわれる。

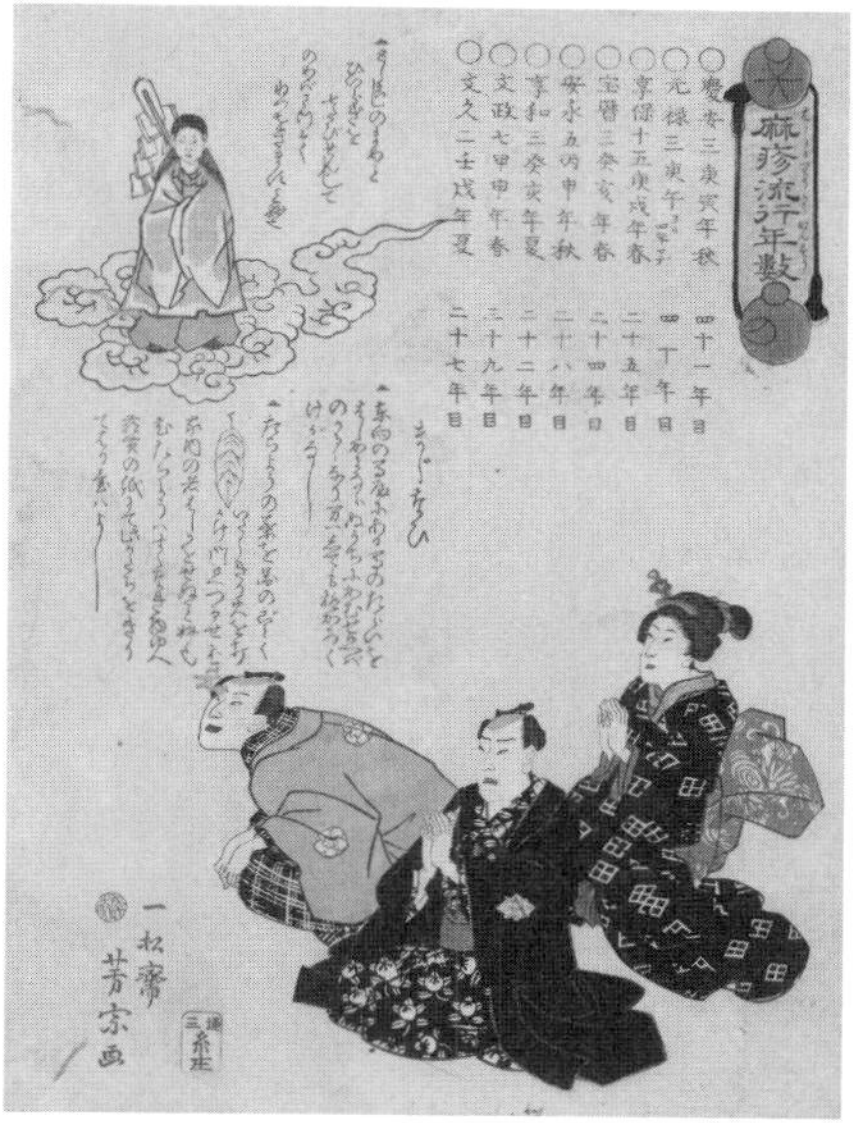

麻疹流行年數
麻疹の流行年を記した浮世絵。麻疹は20〜30年周期で流行した。

このため日本の伝統行事には、疫病を祓うためのものが多い。最も有名なものが２月の節分の豆まきだろう。疫病は鬼がもたらすものと考えられ、節分＝「季節を分ける日」、つまり季節の変わり目に鬼を祓って健康を祈願したのである。この節分の豆まきは宮中行事の追儺《ついな》式が起源とされる。大きな流行をもたらす疫病の多くは、外国からもたらされた疫病だった。このことから「鬼は外」は外国からもたらされた疫病を国外へと追い出すことを表しているとする説もある。

鬼は疫病そのものを表す存在

赤鬼は天然痘などの疫病に罹《かか》り、高温のため顔が赤くなった様子を表しているとする説がある。また死人を想起させる青白い色で描かれることも多い。鬼とは死へと導く恐ろしい存在であり、死人そのものと考えられたのだ。第14話で、鬼の始祖・鬼舞辻無惨が酔っ払いに絡まれた際に「青白い顔しやがってよお」「今にも死にそうじゃねえか」といわれ、「病弱に見えるか？」「長く生きられないように見えるか？」「死にそうに見えるか？」と激昂《げきこう》するシーンがある。これは無惨が人間の時に、20歳になる前に死ぬ、といわれるほど病弱だったことに由来する（第127話）。アニメ版『鬼滅の刃』に登場する鬼のほとんどが青白い顔をしていることから、死なない存在＝死人そのものであることを表している

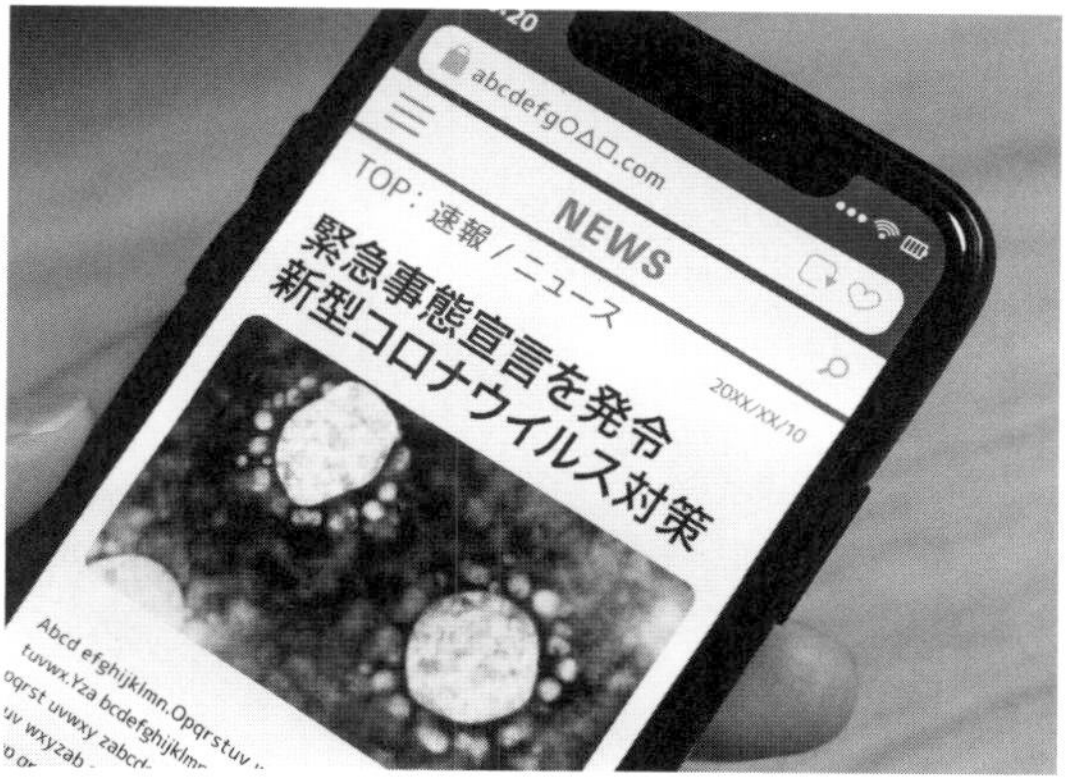

新型コロナウイルスの流行
『鬼滅の刃』のシリーズ累計部数の増加は、新型コロナウイルスの流行時期と重なる。

と考えられる。『鬼滅の刃』においても病気と鬼は密接に関係しているのである。

新型コロナウイルスに対する潜在的な不安感は、日本人の精神的な土壌として息づいている鬼のイメージと結びついたと考えられる。『鬼滅の刃』の爆発的なヒットは２０２０年になって加速した。新型コロナウイルスの日本における最初の報道は２０１9年12月31日のこと。２０２０年に入り中国・武漢でのパンデミック、２月３日に横浜港に停泊するダイヤモンド・プリンセス号でクラスターが発生、４月７日には緊急事態宣言が発令された。

以降、連日新型コロナウイルスに関する報道は続き、それに伴い『鬼滅の刃』の発行部数も増加していったのである。

『鬼滅の刃』は疫病との戦いを描いた物語だった

祓うものから滅するものへ

歴史学者の磯田《いそだ》道史《みちふみ》氏は、テレビ番組で、「昔の日本人にとって鬼は祓うものだったが、今の鬼ブームでは鬼は滅びるものとして人気に。鬼に対する捉え方が変わっている」（「所ジャパン」フジテレビ、２０２０年７月20日放送）と指摘している。

本来、疫病＝鬼は祓ってもまたやってくる存在であった。そのため、毎年季節の変わり目に節分の豆まきを行い、鬼を祓う必要があった。しかし、20世紀に入ると医療・製薬技術の発展によって、多くの疫病の撲滅・封じ込めに成功してきた。疫病＝鬼は、祓うものから撲滅できるものとする意識の変化が起きたのだ。

疫病に対する潜在的な恐怖心は、現代人には希薄だ。むしろ事故や災害などの被害に遭う可能性の方が高い。ほとんどの疫病は撲滅することに成功し、新たな感染症が発見されたとしても、撲滅＝滅することができるものとして現代人の多くは捉えている。疫病＝鬼は祓っても祓ってもやってくる、潜在的な恐怖心を抱くものから、予防接種や薬によって十分に対処可能なものとして、恐怖の対象ではなくなってきたのである。

無惨との最終決戦で用いられた薬

鬼と疫病の関係を象徴的に表しているのが、無惨との最終決戦だ。それまで日輪刀による斬撃が攻撃の主体だったが、最終決戦では無惨に対して、鬼でありながら人間側についた医者・珠世によって薬が投与された（第197話）。この薬は、①人間に戻す、②分裂（回復）を阻害する、③細胞を破壊する、④1分で50年老化させる、という4つの効果があるとされる。抗生物質

新形三十六怪撰「為朝の武威 痘鬼神を退くの図」
平安時代の武将・源為朝が疱瘡の鬼神を追い払う様子が描かれている。

や抗がん剤を彷彿とさせる効果である。

さらに第204話では、無惨によって鬼化した炭治郎が人間に戻れたのは、鬼から人間に戻ることができた禰豆子を噛んだ際に、無惨の細胞に対する抗体を持つようになった禰豆子の血を摂取したことが一因だと語られている。まさに病気を克服したことによる免疫の獲得とその血による血清治療といえるだろう。

疫病に対して、被害を受けないように神仏に祈るのではなく、積極的に倒しにいく姿勢は、第1~2章で紹介した鬼に喰われる立場から斃す立場へと変わっていった歴史を彷彿とさせる。

新型コロナウイルスについては2020年9月現在、ワクチンは完成しておらず世界的な封じ込めの目処は立っていない。強力な鬼に対して、傷つき、時に死者を出しながら立ち向かう鬼殺隊の姿は、新型コロナウイルスに恐怖しながらも、疫病を撲滅するために懸命に闘ってきた人類の歴史そのものといえるだろう。この新型コロナウイルスへの恐怖感と鬼殺隊への共感と応援こそが、『鬼滅の刃』の大ヒットの大きな要因と考えられる。

なぜ鬼は藤の花を嫌うのか

残された藤の花の謎

藤には実際に毒がある

何ものも恐れない存在である鬼だが、『鬼滅の刃』では太陽の光とともに弱点とされるのが藤の花である。藤の花が鬼を退ける力は強く、第6話の最終選別の舞台・藤襲山には、鬼殺隊が捕らえた鬼たちが放されているが、麓から中腹にかけて一年中藤の花が咲いていることから、山から逃げ出せずに閉じ込められていた。また最終決戦である無限城での上弦の弐・童磨との戦いでは、柱のひとり・胡蝶しのぶが鬼の致死量の700倍もの藤の毒を摂取した自らの体を童磨に喰わせることで、童磨の体は腐り栗花落カナヲが首を斬ることに成功する（第162話）。最強ランクの鬼に対しても藤の花は効果があるのである。さらに第202話では鬼化した竈門炭治郎に対して、栗花落カナヲが藤の花からつくられた人間戻りの薬を注入して、炭治郎が鬼から人へ戻る一因となった。

『鬼滅の刃』の鬼たちに藤の花がなぜ効くのか、ついに最終話まで語られることはなかった。そのためインターネットではさまざまな推測が行われている。「藤の花には微量だが実際に毒があり、多量に摂取すると吐き気や下痢などの食中毒を起こす花である」「魔を滅するに通じることから節分で豆がまかれるが、藤もマメ科の植物である」「藤は直射日光を好む植物であることから、鬼の死へとつながる太陽の力を多く吸収している」「藤の花言葉が、優しさ、歓迎、決して離れない、恋に酔う、忠実であり、人としての心を失い、群れずに行動する鬼とは相反する意味を持つこと」などだ。

古典において鬼が藤の花を嫌う記述は存在しない。日本では古来、藤は「不治《ふじ》」に通じることや、花が下に下がって咲くことから家運が下がるとして縁起が悪いとされる一方、蔓《つる》が上に向かって伸びることから「家運隆盛」「延命長寿」として縁起がいい花ともされる。いずれにしても前述した理由はどれも決定的な理由とはいいがたく、謎が残ったかたちだ。

「藤」は鬼の天敵の家紋だった

鬼の天敵である藤原氏の家紋

ではなぜ『鬼滅の刃』では藤の花が鬼の弱点とされたのか。注目するのは、第27話に登場する藤の花の家紋が門に大きく記された家だ。「藤の花の家紋の家は鬼狩りに命を救われた一族であり、鬼狩りであれば無償で尽くしてくれるそうだ」と解説されている。いわば鬼殺隊のサポーターだ。

藤の家紋は、斎藤さんや佐藤さんなど、「藤」がつく家系で多く使用されている家紋だ。その源流は、６４５年の乙巳《いっし》の変の中心人物である中臣鎌足《なかとみのかまたり》が藤原姓を下賜されたことに由来する。藤の家紋にはさまざまなバリエーションがあるが、作中にある家紋と一致するものはない。強いていえば、「上がり散藤《ばらふじ》」を回転したものに近い。

藤の花
古典には鬼が藤の花を嫌った記述はない。

和漢百物語「貞信公」
貞信公は10世紀の公家・藤原忠平のことで、宮中に侵入した鬼を退散させた。

鬼の討伐といえば源頼光や頼政といった源氏のイメージがあるが、実は藤原氏と鬼との因縁は深い。4体の鬼を降伏させ従えた藤原千方、鬼神・岩嶽丸を退治した藤原資《すけ》家《いえ》、宮中に侵入した鬼を退散させた藤原忠平、大百足や百目鬼を退治した藤原秀郷、頼光四天王とともに酒呑童子と戦った藤原保昌《やすまさ》など、藤原氏はまさに鬼の天敵ともいえる存在だ。その家紋である藤が鬼の弱点と設定されたとも考えられる。

藤の家紋を門に掲げる理由

『鬼滅の刃』に登場する藤の家紋の家は、鬼殺隊のサポーターの証である藤の花の家紋を門に大きく描いている。普通に考えれば鬼からの格好の標的となりそうなものだ。しかし、そのような心配はなく竈門炭治郎たちはケガの療養につとめることができた。同じような風習が日本には古くから存在する。それが「蘇民将来之子孫也《そみんしょうらいのしそんなり》」と記された護符である。その昔、防疫の神であるスサノオが旅の途中で一夜の宿を求めたところ、裕福な弟・巨旦《こたん》将来は断ったが、貧しい兄・蘇民将来は手厚くもてなした。一夜の宿のお礼にスサノオは茅《ち》の輪《わ》を授け、蘇民将来の子孫である証とするようにいった。この故事から、人々が疫病除けとして「蘇民将来之子孫也」という護符を門に掲げたり、身に付けたりすることで、疫病が近寄らないといわれている。

「蘇民将来之子孫也」
玄関に掲げたり護符を身に付けることで、疫病除けになる信仰がある。

藤の家紋の家は、藤の花の毒を用いた何らかの防御策を講じていることとも推察されるが、鬼の天敵である藤原氏を象徴する藤の家紋を門に掲げることは、鬼にとっても脅威であるといえよう。

青い彼岸花はどこにあったのか

残された「青い彼岸花」の謎

「青い彼岸花」は雲取山にあるのか

『鬼滅の刃』では藤の花とともに重要な花が「青い彼岸花」だ。鬼舞辻無惨が鬼殺隊を率いる産屋敷一族の抹殺と並んで重要な目的とされるのが「青い彼岸花」の発見である（第98話）。無惨が「青い彼岸花」を求める理由は、第127話で語られている。1000年以上前に人間時代だった無惨は体が弱く20歳まで生きられないと診断されていた。医者は無惨を何とか救おうと「青い彼岸花」からつくられる薬を投与した。これによって無惨は強靭な体を手に入れると同時に、太陽の光が弱点となってしまい、昼に行動できなくなってしまった。「青い彼岸花」は鬼化のきっかけとなるものなのだ。最終話である第205話では、嘴平伊之助の転生者である植物学者の嘴平青葉《あおば》が「青い彼岸花」を発見し、研究の結果、1年に2~3日だけ日中に咲く花ということが判明した。夜しか行動できない無惨たち鬼が1000年かけて探しても見つからなかった理由が明らかにされたのである。

では竈門炭治郎が戦っていた大正時代に「青い彼岸花」はどこにあったのか。有力とされるのが、竈門家があった雲取山に自生しているとする説だ。その根拠とされるのが、第39話で下弦の伍・累との戦いにおいて、炭治郎が見た走馬灯の中に彼岸花が描かれていることだ。ちなみにアニメ版では走馬灯の彼岸花はカットされている。

「青い彼岸花」が雲取山にあったとすれば、無惨自ら竈門家を襲った動機の説明がつく。都市部で人のふりをして暮らしていた無惨が山深い雲取山まで出向いたのは、「青い彼岸花」の自生情報があったから、と推測できるのだ。また竈門家は、かつて無惨を追いつめた継国縁壱から「ヒノカミ神楽」の伝承を託された一族で「青い彼岸花」をともに託した、とも推測できる。第205話で主人公たちが現代へ転生したように、『鬼滅の刃』は「転生」が重要な要素となっている。継国縁壱が「ヒノカミ神楽」の伝承者・竈門一族の子孫に転生することを信じて、無惨をおびき寄せるための罠《わな》を張ったとも考えられるのだ。

「青い彼岸花」は和歌山県・熊野にあった

「雲取」の地名を持つ近畿地方の聖地

無惨に投薬した医者は「青い彼岸花」をどこで手に入れたのか。無惨の過去は公家の出身で、生まれたのは約1000年前の平安時代。このことから考えると出身地は京都の可能性が高い。「青い彼岸花」の自生地が雲取山だったならば、わざわざ関東まで取りに行ったとは考えづらい。

実は、近畿地方には同じ「雲取」という名の地がある。熊野古道にある大雲取《おおくもとり》・小雲取《こくもとり》だ。雲取山の名前は「雲が取れそうなほど高い山」との意味だが、熊野の大雲取に因んでいるとする説があり、これを裏付けるように雲取山の周辺には、熊野古道に因んだ名称が多くある。

熊野古道は、熊野三山と呼ばれる3つの聖地へのルートで、三山は過去、現世、来世をそれぞれ意味し、「よみがえりの地」と呼ばれる。熊野は死後の国・浄土と考えられ、この地を訪れることで帰ってくることは「死と再生」を意味する。このことから末法《まっぽう》の世（この世の終わり）という考えが広がった平安時代には皇族や公家が多く参拝した。大雲取・小雲取があるルートは、熊野三山のひとつ・那智《なち》山へ続く。そして、那智山には「青い彼岸花」の名を連想させる青岸渡寺《せいがんとじ》という寺があるのだ。これらから無惨に薬を投与した医者が「青い彼岸花」を手に入れた地は熊野の地である可能性が高い。

ちなみに熊野出身の偉人である植物学者・南方熊楠《みなかたくまぐす》は、熊野の山で過ごして植物収集を行った。また熊楠は癇癪持ちだったと伝えられる。第205話に登場した嘴平伊之助の転生者・青葉も植物学者で研究所ではなく山で過ごすことを望んでおり、また転生元の伊之助が癇癪持ちである点などの共通点がある。

竈門家がある雲取山は熊野とゆかりが深い地であり、「青い彼岸花」が雲取山にあったことを示しているとも考えられるのだ。

青岸渡寺（手前）と那智の滝（奥）
長寿のご利益があるとされる那智の滝の近くには「青い彼岸花」の名を思わせる寺がある。

なぜ『鬼滅の刃』の鬼たちは異形の目を持つのか

ツノではなく、異形の目が鬼の証

ツノを持たない『鬼滅の刃』の鬼たち

鬼か人かの違いを最も端的に表すパーツがツノといえるだろう。これは鬼が出入りする方角である東北が「丑寅《うしとら》」の方角であることから、牛のツノを持ち、虎のパンツを穿く姿と考えられた。そのため、ツノは必ずしも鬼の必須のパーツではないのだ。

『鬼滅の刃』に登場する鬼にツノを持っている者は少ない。最終選別で最初に現れた鬼

（第6話）、沼の鬼（第10話）、鼓屋敷の鬼（第22話）、上弦の肆・半天狗（第98話）など一部の鬼にしかツノはない。では鬼と人が異なる点はどこか。『鬼滅の刃』では鬼の多くが目を特徴的に描いている。

鬼の上位ランクである十二鬼月には、「上弦」の「壱」から「陸」、「下弦」の「壱」から「陸」の計12のランクが目に記されている。無数の目がある上弦の壱・黒死牟（第98話）、両目が口になっている上弦の伍・玉壺（第98話）、一つ目の新上弦の肆・鳴女（第164話）、両手に目がある矢琶羽（第15話）など異形の目をしている鬼は多く、さらにアニメ版を見ると、それぞれの鬼の目が赤や黄、4色など目に色がついている場合もある。また第195話では、人間に戻る薬を投与された禰豆子の右目だけが人間の目に戻っているシーンがある。『鬼滅の刃』における鬼の象徴は目なのだ。

新形三十六怪撰
「貞信公夜宮中に怪を懼しむの図」
鬼の特徴は数多くあるが最も印象的なのが頭にあるツノである。

目は人間と鬼を区別する象徴

昼行性の人と夜行性の鬼

ではなぜ『鬼滅の刃』では鬼と人の違いを「目」に設定したのだろうか。その理由として、鬼が完全夜行性の存在で、日光を浴びると死に至ってしまう点から考察できる。人間の体内時計は太陽のサイクルに合わせてあり、人類は昼行性の動物である。

哺乳類の中で昼行性の動物は少なく、目を進化させた唯一の昼行性哺乳類が霊長類である。哺乳類の祖先はもともと夜行性だったが、約5200万年前に霊長類の祖先が昼行性へと移行したとする説がある。夜行性の哺乳類が聴覚や嗅覚を進化させたのに対して、昼行性の人間は視覚を発達させた。五感の中で視覚は、哺乳類の中で人間が突出して高い能力を持つ唯一の器官といえるだろう。人間と鬼の違いを描く際に、『鬼滅の刃』ではこの目が象徴的に描かれているのは、昼行性である人間が視力を重視した生き物であることを表しているからなのかもしれない。第152話で、炭治郎は「透き通る世界」の能力に開眼し、相手が透け、動きがスローに見える特殊な視力を体得している。また第162話で栗花落カナヲは花の呼吸・終《つい》ノ型である彼岸朱眼《ひがんしゅがん》を繰り出し、動体視力を極限まで上げている。人間の強みが視力であることを示す象徴的なストーリーといえる。

目は『鬼滅の刃』の鬼が持つ異能を示している

科学的には『鬼滅の刃』に登場する鬼が持つ目が、通常の視力を持っているとは考えづらい。むしろ一般的な視覚をはるかに超えた超感覚を持っていると考えた方がいいだろう。『鬼滅の刃』の鬼が人間とは異なる感覚で空間を捉えていることは、第16話の対朱紗丸・矢琶羽戦で描かれている。朱紗丸が投げた鞠《まり》を矢琶羽が縦横無尽に操り、炭治郎たちを攻撃する。しかし、炭治郎には鞠の軌道がわからず苦しめられる。

そこで、鬼である愈史郎が「矢印を見れば方向がわかるんだよ」「俺の視覚を貸してやる」と護符を炭治郎の額へと刺す。すると炭治郎にも鞠の軌道を示す「矢印」が見えるようになった。鬼が通常の視覚とは異なる「超視覚」を持っていることがわかる。目が異形であることは、鬼が人間とは異なる異能を持っていることを示しているのだ。

なぜ人が多い場所に鬼が現れたのか

日本一の歓楽街だった浅草・吉原に鬼が現れた理由

「悪所」とされた遊里と芝居町

鬼の出現場所というと山里などを連想するが、『鬼滅の刃』では人々が多くいる都市部にも鬼が現れる。代表的なのは、鬼舞辻無惨が最初に登場した浅草（第13話）と第71話からはじまる遊郭編の舞台である吉原だ。これには3つの理由が考えられる。

ひとつ目が浅草と吉原が「悪所」であったことだ。現在では「悪所」という言葉はあま

大正時代の「浅草六区」
浅草公園六区には、活動写真や見世物小屋が並び、日本有数の歓楽街だった。

り使われなくなったが、江戸時代に遊里と芝居町を指した言葉である。

　大正時代の浅草は日本有数の歓楽街だった。現代でも多くの観光客が訪れる人気の浅草寺《せんそうじ》と仲見世通りのほか、高さ52メートル・12階建ての商業施設・凌雲閣《りょううんかく》（１８９０年竣工）などがあった。特に当時人気だったのが「浅草六区」だ。現在も「浅草六区通り」や「ロック座」などでその名残があるが、日本初の遊園地・浅草花やしき（１８５３年開園）をはじめ、活動写真（映画のようなもの）や見世物小屋、演劇場などの娯楽施設が立ち並んでいた。

　活動写真は大正時代に一大ブームになった娯楽で、浅草六区には、電気館、帝国館、大勝館、三友館などの活動写真常設館があった。第13話では、炭治郎が無惨に話しかけるシーンがある。その背景に「大友館」という看板が描かれているが、おそらく大勝館と三友館の名前を合わせたものだろう。両者の初対面の場所は浅草六区ということになる。

現在では、芸能人は羨望《せんぼう》される存在だが、日本では被差別民として扱われた歴史がある。俳優などが自らを卑下《ひげ》して「河原乞食《かわらこじき》」ということがあるが、役者は社会的身分が低い者とされてきた。

浅草では、大道芸など数多くの芸能の常設場があり人気を博したが、生産にたずさわらない芸能従事者は低い身分とされたのである。芝居町を「悪所」としたのは江戸時代の身分制度において、芸能従事者は「人ならざる者」に近い存在として差別的に扱われたためである。浅草はまさに鬼が現れるのに適した場所だったといえるだろう。

権力が及ばない「苦界」

芝居町とともに「悪所」とされた吉原は、江戸幕府が江戸で唯一公認した遊郭である。江戸時代初期、無許可で売春業を行う岡場所《おかばしょ》が多く存在していたため、1618年にこれらの私娼を1ヶ所に集め、日本橋人形町あたりで営業を許可した。

その後、1657年の明暦《めいれき》の大火によって江戸の町の大規模な都市改造が行われると、浅草寺裏に移された。遊郭は幕府や大名の権力の支配が及ばない公界とされ、吉原唯一の出入り口の大門では通行証が発行され、治外法権の独立都市のようなエリアだった。「公界」は「苦界《くがい》」とも表現され、大門では厳しい監視が行われ、遊女は大門から外に出ることは許されなかった。妓楼は大見世《おおみせ》、中《なか》見世、小《こ》見世に分けられ、さらにその下に安価な河岸見世がある。

新形三十六怪撰「地獄太夫悟道の図」
室町時代の遊女で、遊郭を「浮世のさかい（この世とあの世の境界）」と表現した。

第96話では堕姫と妓夫太郎が育ったのが「羅生門河岸」であることが語られている。最下層の妓楼は切《きり》見世と呼ばれ、遊べば高い確率で性病になることから「鉄砲見世」とも呼ばれる。第96話では、堕姫の人間時の名前が「梅」だったのは梅毒で死んだ母親の病名からつけられたと語られ

吉原遊郭娼家之図
吉原の妓楼の内部が描かれた絵図。遊女はランクづけされ待遇に明確な差があった。

ている。

吉原は完全な格差社会であり、遊女はランク付けされ、堕姫は最高ランクの花魁《おいらん》だった。兄の妓夫太郎の名前に入っている妓夫《ぎゆう》も遊郭での職業のひとつである。妓夫は客の呼び込みや代金の取り立てを行った。遊郭の表と裏を兄妹が表しているといえる。

吉原が『鬼滅の刃』の舞台となったのにはいくつも理由がある。まず一般的な社会から切り離された公界であること、鬼が出没する川の側の河岸見世であること、遊女が「人ならざる者」に近い社会的身分が低い存在とされたこと、などである。吉原はまさに一般的な人間社会とは隔絶された鬼のテリトリーともいえる場所だったことがわかるだろう。

浅草と吉原は帝都・東京の鬼門だった

都市部の鬼の出現ポイント

山林部における大々的な土地開発が行われる以前には、山と里は明確に分けられていた。人々が住む里に対して、山は神々や鬼が棲む地とされ、畏れられていたのである。第1話では里に炭を売りにいった竈門炭治郎が夕方に家がある山へと帰ろうとしたところ、里の住民から「危ねえからやめろ」「鬼が出るぞ」と忠告を受けている。山は鬼のテリトリーであることが明確に明示されているのである。鬼が現れる場所というのはこのような境界であることが多い。

このことは山林と里だけに限らない。都市部においても境界に鬼は多く現れる。すなわち、川、橋、門などだ。頼光四天王のひとり・渡辺綱が鬼の腕を斬り落とした一条戻橋や羅生門（羅城門）などは京の都の代表的な鬼の出現ポイントといえるだろう。

一条戻橋や羅生門は平安京の境界にあたる。明治22年（1889）に誕生した東京市の北東端に位置するのが浅草区だった。吉原までが東京市であり南千住は北豊島郡だった。さらに東京の主要河川である隅田川が通っている場所でもある。吉原と浅草がある旧浅草区は、鬼が出現する東京市の「境界」であり、鬼の出現ポイントの条件を兼ね備えた場所だったのである。

鬼の流入を許した橋の建設

鬼が「境界」に現れることを前述したが、では東京市をぐるりと囲む境界の中で、なぜ浅草と吉原に鬼が現れたのか。それが、3つ目の理由である「鬼門」である。鬼門は鬼が出入りする方角とされ、古来、忌避されてきた。浅草区は帝都・東京の北東端の区であり、鬼門にあたる。

さらに決定的なのが、『鬼滅の刃』の物語の舞台である大正3年（1914）、浅草区の東北端のほど近くに白髭橋が架けられたことである。橋は鬼の出現ポイントであり、鬼門の方角に橋が架けられたことで、鬼の侵入を容易にしたのだ。前述してきたような「悪所」「境界」「鬼門」の3つの要素を兼ね備えた浅草と吉原は、まさに『鬼滅の刃』の鬼の出現場所としてふさわしい場所といえる。

蒸気機関車に鬼が現れた理由

交通機関は怪異現象の頻発場所

橋や門が鬼の出現ポイントとなるのは「境界」だからという理由だけではない。例えば羅生門の中は平安京の内側でも外側でもない、つまり「どこでもない」場所ということになり、このような空間的に区別できない場所は異界に通じると考えられたのだ。現在、代表的な心霊スポットの多くがトンネルであることも、トンネルが入り口と出口の間にあり、A地点とB地点のどちらでもない場所であるからである。

このような空間的に「どこでもない」場所での戦いが『鬼滅の刃』でも描かれている。それが、第53話からはじまった「無限列車編」である。炎柱・煉獄杏寿郎《れんごくきょうじゅろう》と竈門炭治郎たちが蒸気機関車を舞台に、下弦の壱・魘夢や上弦の参・猗窩座と死闘を繰り広げる『鬼滅の刃』でも特に人気が高いストーリーである。

余談になるが、日本で最初の鉄道が敷かれたのが明治5年（1872）のこと。その後、鉄道の敷設ラッシュは続き、明治38年（１９０５）には総延長約７７００キロにも達する。『鬼滅の刃』の舞台である大正時代初頭は、全国的に蒸気機関車が普及した時代である。しかし、Ａ駅からＢ駅へ今までにない高速で移動する列車もまた移動の途中は、列車に乗り慣れていない人々にとっては次のＢ駅に着くまで「どこでもない」空間にいるのである。実は列車に限らず、乗り物における怪異談は古くからある。駕籠《かご》、人力車にもののけを乗せた話は数多く伝えられ、このような怪異談は現在では、自動車やタクシーの後部座席に幽霊が乗ってきた、といった怪異談へとつながっている。

無限列車のモデル・8620形
（青梅鉄道公園）

列車の怪異談は現在でも新たに生まれている。２００４年にインターネット掲示板に投稿された「きさらぎ（鬼、如月）駅」の都市伝説だ。遠州鉄道・新浜松駅から乗車した人物がなかなか停車しないことを掲示板に投稿、ようやく到着した駅が「きさらぎ駅」という存在しない無人駅だったという。列車は異界へと通じる乗り物であり、鬼が出るのにふさわしい場所といえるだろう。

なぜ鬼殺隊の最上位は「柱」と呼ばれるのか

『鬼滅の刃』と出雲神話の共通点

「柱」の名称は人の力を超えた存在の証

鬼殺隊の最上位は「柱」と呼ばれる9名の戦士である（第45話）。「柱」の定員は9名で、「鬼の最上位である十二鬼月を倒す」あるいは「鬼を50体倒す」ことが条件となっている。「柱」はそれぞれの呼吸の流派によって、水柱、炎柱といった呼び方をされる。

日本では、神を1人、2人ではなく、1柱、2柱と数える。「柱」の漢字の成り立ちは

「木」＋「主（燭台《しょくだい》で静止している火）」で、「動かない木」を意味する。日本では樹木に神が宿るとされたことから、ご神木など樹木に対する信仰があり、「柱」と数えることにつながったとされる。鬼殺隊は、人の力を超えた存在＝神に近い存在として、「柱」という表現を用いたのではないだろうか。もっとも日本の神々は、幸福ばかりをもたらす存在ではなく、時に荒ぶる力で災いをもたらすこともあり、『古事記』や『日本書紀』では、神同士の戦いの様子も多く記されている。『鬼滅の刃』は「柱」という呼称を使うことで、「神（人ならざる者）」と「鬼（人ならざる者）」という構図を象徴的に表しているとも考えられる。

9名の「柱」と9本の柱を持つ出雲大社

もうひとつ注目する点が、「柱」の定員が9名であることだ。これは「柱」の漢字が9角であるためとされる（公式ファンブック）。この9という数字にはもうひとつ隠された意味があると思われる。それが鬼殺隊の代々のリーダーの名前が産屋敷であることだ。「屋敷」を支えるまさに「柱」というわけだ。9本の柱の建築様式が日本には存在する。出雲大社の建築様式・大社造りは9本の柱を「田」の字に配置して、神殿を地面より高い位置で支える。大社造りは弥生時代の高床式住居が基となる最古の建築様式ともいわれる。

出雲の神々の守護神的存在が、太陽神・アマテラスと並ぶ最高神・タカミムスヒだ。「ムスヒ」とは神道における万物を生み出す力で「産霊《むすひ》」と書く。『日本書紀』ではタカミムスヒが出雲大社の建設を指示したとされ、産屋敷の「産」の字はここからとられたのではないか。さらに古典に残る最初の鬼の記述は、『出雲風土記』にある阿用郷の一つ目鬼である。一方、『鬼滅の刃』では最初の鬼は鬼舞辻無惨とされる。

これらを整理すると、「産屋敷」＝「タカミムスヒ（産霊）によって建てられた屋敷（出雲大社）」、「9人の柱」＝「出雲大社を支える9本の柱」、「最初の鬼・鬼舞辻無惨」＝「古典における最初の鬼・阿用郷の鬼」とピタリと一致する。ちなみに出雲大社に祀られるオオクニヌシは医療・医薬の神でもあり、その先祖のスサノオは防疫神である。前述した『鬼滅の刃』と疫病との関連性とも符合する。産屋敷と「柱」の名は、出雲神話を象徴的に表しているとも考えられるのだ。

出雲大社模型
島根県立古代出雲歴史博物館にある鎌倉時代の想像模型。本殿を9本の柱が支えている。

なぜ能力者に痣が発現するのか

痣は鬼化の前現象を表している

実際にある身体能力を向上させる呼吸法

『鬼滅の刃』で鬼殺隊が使う技の名前は「〇〇の呼吸」と呼ばれる。これは「全集中の呼吸」によって、血液中に大量に酸素を取り込むことで心拍と体温を上げ、身体能力を飛躍的に向上させる技術である。

全集中の呼吸ほどではないが、呼吸によって一時的に身体能力を向上させることは可能である。有名なのが空手の逆複式呼吸法「息吹《いぶき》」だ。通常、息を吸うと腹が膨《ふく》らみ、吐くと引っ込むが、息吹では逆に息を吸い込む際に腹を引っ込め、吐く時に膨らませる。「息吹」では完全に息を吐ききる。激しい運動を行った後は呼吸が乱れるが、この「息吹」で空気をすべて吐き切った後に息を吸うことで供給できる酸素量が増加し、すぐに呼吸が整う。この「息吹」を意識すると、筋肉の強化や疲労の軽減などの効果があるとされる。

酸素は脂肪や糖質を燃焼させてエネルギーに変える役割がある。運動に身体能力と呼吸は密接に関係している。小さな体でも鬼に対抗できる力を持たせるために、「呼吸」を取り入れたことは理にかなっている設定といえるだろう。

死へとつながる痣の発現

全集中の呼吸によって心拍と体温が異常に上がると、体に独特の紋様・痣が発現するとされる（第129話）。痣が発現した者は痣者と呼ばれ、発現の条件は、心拍数200以上、体温39度以上とされる。痣が出現すると身体能力が飛躍的に上がるだけでなく、傷やダメージも通常以上の早さで回復する。第128話では400年前に「鬼舞辻無惨をあと一歩の所まで追い詰めた始まりの呼吸の剣士たち」「彼らは全員に鬼の文様と似た痣が発現していた」とある。しかし、異常に高い身体能力となるため、反動も大きく一部の例外を除いて25歳で死亡すると伝えられる。

この痣がなぜ発現するのかは語られることはなかったが、第128話で「鬼の紋様と似た痣」と形容されていることから、鬼と何らかの関係性があると考えられる。『鬼滅の刃』の鬼の中には、上弦の陸・堕姫と妓夫太郎や下弦の鬼の多くに顔に入れ墨のような文様がある。なお上弦の参・猗窩座の紋様は実際に入れ墨である。

痣の正体は「死斑《しはん》」

実は法医学の分野において、「鬼」という言葉が使われている。死後、人間の体が腐敗・白骨化する過程で色の変化を指す用語で、腐敗による青鬼現象、腐敗ガスによる膨張・巨大化による赤鬼現象、乾燥した状態の黒鬼現象、白骨化する白鬼現象だ。これらは晩期死体現象と呼ばれる。これに先立って起きる早期死体現象として、「死斑《しはん》」がある。死斑とは死後に血液が底部に集まることで出現する紋様で、赤色、褐色、暗緑褐色などがある。

鬼は死を超越した存在であるが、逆説的にはすでに死んでいる者とも捉えることができる。鬼に現れる紋様はこの死斑を表しているのではないか。痣は死へとつながるサインであり、鬼化（晩期死体現象）へと至る前段階（早期死体現象）を示しているとも考えられる。つまり、痣は人が鬼に限りなく近づいた象徴ともいえるのである。

なぜ「ヒノカミ神楽」は12の舞なのか

「ヒノカミ神楽」は最古の舞が原型になっている

高千穂に伝わる「ヒノカミ神楽」のモデル

竈門炭治郎が鬼舞辻無惨を最後に苦しめた技が「ヒノカミ神楽」だ。全部で12種類の型があり、この種類の型を休むことなく繰り返すことで13種類目の型になるとされる。炭治郎は夜明けまで「ヒノカミ神楽」を繰り返し行い、無惨を追い詰めることになる。

「ヒノカミ神楽」は、かつて無惨を追い詰めた継国縁壱が用いた「日の呼吸」がベースになっている。縁壱は炭治郎の先祖である竈門炭吉に「日の呼吸」の型を披露し、以降竈門一族はこの「日の呼吸」を「ヒノカミ神楽」として継承してきた。「ヒノカミ神楽」は武術としてではなく、新年のはじまりに山頂で行い、一晩にわたって繰り返し舞を奉納することで、一年間の無病息災を祈る行事として伝承された。

神楽の起源は神々の時代にまで遡る。『古事記』や『日本書紀』には、太陽神・アマテラスが岩戸に隠れたため世界が闇に覆われ、さまざまな禍《わざわい》が起きた。神々は話し合い、アマテラスが岩戸を開くように、岩戸の前で祭事を行った。この時にアメノウズメが踊った舞が神楽の起源とされる。その結果、岩戸は開かれ世界に再び光がよみがえった。その後、アメノウズメは地上世界へと降り立ち、宮崎県の高千穂の地に住居を構えたと伝わる。

この高千穂の地には天岩戸神社があり、アメノウズメの舞などを起源とする天岩戸神楽が行われている。天岩戸神楽は33番の神楽で構成され、夜通し行われてすべて終えるのに16時間もかかる。「ヒノカミ神楽」をスケールアップしたかのような神楽だ。

「ヒノカミ神楽」が12種類の型である理由

神楽の起源が太陽神・アマテラスに関係することや「日の呼吸」が原型になっているこ

とから、ヒノカミは「日の神」と考えるのが自然だ。一方で主人公の苗字は「竈門家」、つまり火と関係がある一族であることから「火の神」とも考えられる。炭治郎の回想では母がヒノカミ神楽について、「うちは火の仕事をするから年の始めは〝ヒノカミ様〟に舞を捧げてお祈りをするのよ」と語っている。ここでいう「ヒノカミ」は「火の神」だろう。おそらくヒノカミは、もともと「日の神」だったが、その後と竈門一族の生業である炭づくりに関係する「火の神」に置き換えられたと推測できる。そのためもともと「日の神」だったのがカタカナ表記となったのではないか。

ほかの呼吸が5つ程度の型であるのに対して、「ヒノカミ神楽」は12もの型がある。なぜ12もの型があるのか。有力なのが、「ヒノカミ神楽」が「十二の型は繰り返すことで円環を成し十三番目の型になる」と語られていることから、時計の12進法に合わせたとする説だ。「ヒノカミ神楽」は、日の入りから日の出までの「時間」の間、繰り返し舞い続けるものである。時間の単位である12進法に合わせるのが自然である。また伝統的な神楽の中で、12曲の神楽を演奏することを基本とする十二座神楽や、全国に普及した出雲流神楽の源流とされる佐陀神能《さだしんのう》が12番行われる。このことからポピュラーな12の型に「ヒノカミ神楽」を当てはめたのではないか、とも推測できる。

我妻善逸と獪岳《かいがく》のモデルは誰か

人を助ける雷神の申し子と人を苦しめる雷童子

鬼を撃退した雷神の申し子

単行本第3巻の「大正コソコソ噂話」には、我妻善逸の髪の毛が黒髪から金髪に変わった経緯について、修行中に木の上に隠れていた際に雷に打たれたためと、作者が解説している。実はこれと似たようなエピソードが、『日本霊異記』に残されている。

現在の名古屋あたりの農夫の目の前に雷が落ちて、雷童が現れた。雷童は「雷神のような強い子を授ける」と約束した。生まれた雷神の申し子は元興寺の稚児となり、夜毎《よごと》、稚児が変死する事件を起こしていた鬼を見事撃退したという。

雷神が必ずしも人間側の味方とは限らない。有名なのが平安時代の公家・菅原道真《みちざね》だ。右大臣にまで出世したが、計略によって九州の大宰府《だざいふ》へ左遷された。復帰することなく大宰府で没した道真は死後に雷神となって都の人々を恐れさせた。善逸と同じ「雷の呼吸」の使い手であり、鬼となった兄弟子である新上弦の陸・獪岳は、第145話で善悪について、「俺を正しく評価し認める者は〝善〟‼」「低く評価し認めない者が〝悪〟だ‼」と語っている。正しく評価されずに死後に雷神となった道真を彷彿とさせる発言だ。獪岳のモデルは、正しく評価されずに無念の死を遂げて雷神となった菅原道真かもしれない。

皇国二十四功「贈正一位菅原道真公」
いわれない讒言で左遷された菅原道真は雷神となり、都の人々を恐れさせた。

コラム

炭治郎が斬った大岩のモデル・一刀石

一刀石
奈良県奈良市柳生町にある大岩で、柳生石舟斎が刀で割ったと伝えられる。

竈門炭治郎は鱗滝左近次のもとで鬼殺隊に入るための修行を行うが、その際に出された最終課題が自分の身長よりも大きな岩を斬ることだった。炭治郎はかつて最終選別で命を落とした兄弟子・錆兎《さびと》と真菰《まこも》の霊の指導を受け、見事、大岩を斬ることに成功する（第5話）。

この大岩のモデルと考えられる岩が奈良県の一刀石だ。この岩は、剣術の達人だった柳生石舟斎《やぎゅうせきしゅうさい》が修行中に天狗と試合を行い、一刀で天狗を斬り捨てたところ2つに割れた巨石が残ったという。炭治郎も錆兎と剣術試合を行い、錆兎の狐面を真っ二つに斬った。気づくと2人は消えており、大岩を斬っていたという描写と一刀石の逸話が酷似していることがわかるだろう。

第5章

鬼とは何か

鬼には5つのカテゴリーがある

「神」としての鬼

鬼はもともと明確なかたちを持たない存在

『鬼滅の刃』の鬼は、さまざまな古典からヒントを得ながら、鬼のキャラクター設定を行ったと考えられる。日本における長い鬼の歴史の中で、鬼はさまざまな定義がなされ、時代とともに変化してきた。ここでは、日本における「鬼」とはなにか、紹介しよう。

現代人にとって「鬼」といえば、ツノが生えていて金棒を持ち、人間を襲う恐ろしい妖怪の一種というイメージがある。しかし、かつて「鬼」にはもっと幅広い意味が含まれていた。もともと鬼という漢字は中国では死者の霊魂を指すもので、日本でも古くは祖先の霊魂などが鬼として捉えられていた。といっても、ご先祖様がツノの生えた鬼の姿をしていたと考えていたわけではない。「オニ」という訓の語源は「隠《おん》」、目に見えないものの意だともいわれるように、古くはオニとは明確なかたちをもたない、姿を見ることのできない存在と考えられていたのである。

馬場あき子氏の著書『鬼の研究』では、鬼を大きく5つの類型に分けることができるとしている。その筆頭にあげられているのが、日本での鬼認識の最も古いかたちと考えられる「日本民俗学上の鬼（祝福にくる祖霊や地霊）」だ。日本には古くから、海の彼方や山の上にこの世とは異なる世界があり、人間の魂は死後にそちらに移り、子孫のいるこの世とを行き来するという信仰があった。山から降りてくる祖霊は豊作や幸をもたらす存在だが、もしも扱いを誤ればその祝福は得られなくなる。このような人間の力では抗《あらが》うことのできない人智を超えたモノを、オニやカミと呼んで敬い、畏れたのである。

祖霊とならぶ目に見えない強力なモノとして古代人が信じていたのが、土地土地に存在する霊、地霊である。古代では「ヌシ」と呼ばれた、疫病を広める恐ろしい神であったオオモノヌシや、雄略《ゆうりゃく》天皇が自らの武具を献上し恭しく扱ったという葛城山の主、ヒトコトヌシなども地霊のカテゴリーと考えることができるだろう。

「山」に棲む鬼

天狗は山に棲む鬼の一種

日本では山は人の魂が死後にいきつく場所、あるいは強い力を持つ神が住む場所として特別視されてきた。やがて仏教が伝来すると、日本古来の山岳信仰とが結びつき、さらに同じ時期に伝来した道教など多様な信仰が入り混じって日本独特の宗教である修験道が生み出された。こうして生まれたのが「山」に棲む鬼である。修験道が生み出した山伏系の鬼、すなわち天狗のことである。

天狗が最初に記録に登場するのは『日本書紀』の舒明《じょめい》天皇の時代で、空に流星のようなものが現れたのを僧・旻が「あれは天狗である」と解説した、というものだ。空を飛ぶ妖獣の一種とされた天狗が、やがて修験道全盛の時代になると仏道の教えに反して魔道に落ちたものとされた。『太平記』には、深い山の中で幕府転覆のための秘密会議を行う天狗たちが登場し、『今昔物語集』や南北朝時代の絵巻には、日本の僧侶と法力比べをしようと大陸から渡来し、比叡山の僧に敗れ去る天狗の話が語られている。

このように天狗と山は深い関係にあり、日本を代表する天狗とされる「八大天狗」は、愛宕山の太郎坊を筆頭に、比良山の次郎坊、飯縄《いいづな》山の三郎坊などいずれも霊山や修験道の中核地である山を拠点とする。

また一方で、修験道の伝説的開祖である役小角も鬼と非常に関わりの深い人物として物語られ、常に従者として2体の鬼をつれていたとされる。九州修験道の一大拠点だった国東《くにさき》半島にもさまざまな鬼の伝承があり、鬼の面をつけた鬼役が五穀豊穣や厄祓いを行う修正鬼会《しゅじょうおにえ》という行事も現在まで伝えられている。

月百姿「吉野山夜半月 伊賀局」
薬子の変の首謀者として殺された藤原仲成の霊は、天狗の姿で現れた。

「仏」の世界の鬼

仏教とともに伝わった新たな鬼

「仏」の世界の鬼は、仏教の経典の中で「創作」された鬼だといえる。罪を犯した人間を地獄に連行する獄卒《ごくそつ》としての鬼や、地獄に落ちた亡者に責め苦を与える牛頭鬼《ごずき》、馬頭鬼《めずき》、もとはインドの鬼神である夜叉といったものだ。

外来の知識として入ってきたはずの鬼も、やがて人々が仏教を深く信仰するようになると実際にそれらの鬼に遭遇したという話がでてくるようになる。仏の救済や因果応報といった仏教の思想をベースに編まれた『日本霊異記』『今昔物語集』などの仏教説話集には、そうした仏教系の鬼に出会った人々の話が多く採録されている。

例えば、『日本霊異記』のある話に登場する楢磐嶋《ならのいわしま》という男は、都と地方を行き来して交易によって身を立てていたが、都にある家への帰り道、宇治橋で3体の鬼に追いかけられる。鬼たちは磐嶋をあの世に召し出すために追ってきた閻魔《えんま》王の使いだったが、磐嶋が寺関係の仕事をしているため連行をとどまるようにと四天王（仏教を守護する神々）に頼まれたのだと語る。男が手持ちの牛を饗応として差し出すことを約束すると、鬼たちは同姓同名の別の男を代わりに地獄につれて行く、と告げて消えていったという。

こうした地獄の使者としての鬼はどこかのんびりしたキャラクターにされることもあるのに比べ、仏の慈悲やご利益《りやく》を語る説話では、その対比のために鬼の恐ろしさが強調される。例えばそれは背が1丈（約3メートル）、口や目から雷光のような火を放ちながら追いかける人喰い鬼などだが、彼らも最終的には仏や経典の力によって打ち負かされてしまう運命にある。『今昔物語集』には、2人の僧侶が荒れ寺で一夜を過ごしたところ牛頭鬼が現れてひとりを喰い殺してしまうが、残った僧が毘沙門天像にすがりつき一心に法華経を唱えていたところ、鬼は毘沙門天の持つ鉾《ほこ》によってバラバラに斬り殺された、という話が伝えられている。

十王寫
鬼は仏の世界における地獄の住人として描かれた。

「恨み」から生まれた鬼

情念の深さから鬼になった元人間

ここまでの3種類の鬼は、神道系の鬼、修験道系の鬼、仏教系の鬼と分類することができ、元から人間とは異なる存在であるという共通点がある。一方で、恨み、怒りなどの情念によって、元は人だったものが姿を変えて鬼になる、というパターンがある。最も有名なもののひとつは、僧侶の安珍への叶わぬ恋に身を焦がし、ついには火を吐く巨大な蛇となり愛する男を焼き殺してしまった「道成寺」の物語の主人公、清姫だろう。

同じように、自らを捨てた男への嫉妬、復讐心から鬼の身になってしまうのが宇治の橋姫だ。彼女は京都の貴船明神に、自ら「生きながら鬼になりたい」との願をかけ、やがて神のお告げ通りに宇治川に21日もの間沐浴《もくよく》し願い通り恐ろしい鬼女へと変貌する。ろうそくを灯した鉄輪を頭にかぶったその姿は、呪いのわら人形で知られる「丑の刻参り」の姿のルーツにもなっている。恨みからではなく、埋葬された死体を掘り返し、その肉を喰ううちに鬼になってしまった人間の話もあるが、これは仏教世界の餓鬼《がき》に近いものといえるかもしれない。

歴史上、非業の死を遂げた人間がその死後に激しい祟りをなす怨霊と化し、死に追いやった人間たちから鬼どころか神として祀られる例も数多くみられる。この類型の代表は、平安時代の公家・菅原道真だ。道真は天皇の信任が厚く右大臣にまで出世したものの、藤原氏の讒言《ざんげん》によって都から九州の大宰府に流されて失意のうちに死去する。ところがその死後、天皇の周辺では不幸が相次ぎ、ついには御所に落雷があり死傷者が出るという前代未聞の事件が起こる。都の人々は道真の魂が雷神となって御所に雷を落とし、参内していた公家たちに復讐したのだとまことしやかに噂した。雷神として描かれた道真の姿はまさに鬼そのものだが、この事件を機に道真は北野天満宮に祀られ、やがて学問にご利益のある天神様として信仰されるようになるのである。

道成寺繪巻
嫉妬と復讐心から鬼となり、蛇身へと変化した清姫が描かれている。

鬼とされた「人々」

「鬼」とみなされた権力に抵抗した人々

桓武天皇の遷都から400年近く続いた平安時代だが、名前とは裏腹に遷都当初から決して平安とはいえない時代だった。蝦夷《えぞ》地への度重なる遠征軍の派遣や、平将門などによる地方での反乱もたびたび起こり、特に後期になるほどに朝廷の権力は弱体化し、蝦夷地どころか都周辺の治安維持さえ満足にできない状況に陥っていた。

そうした中で、平安京では盗賊団や強盗が多発し人々を不安に陥れていたが、彼らのような体制に従わない者、王朝の支配外にある人々もまた「鬼」とされ、恐れられるようになった。前述の「恨みから生まれた鬼」が超常的な力によって鬼になった人間だとすれば、こちらは現実世界で恐れられた人々がさまざまな伝承と融合して鬼になった（鬼とされた）存在といえるだろう。

「鬼」とされた社会の埒外にいる者たち

こうした、いわば自ら「鬼」になることを選んだ者たちは、集団となって都から遠すぎない距離にある山を根城とし、都や、都への行き来をする人々を襲った。東国と都との間の要衝である鈴鹿山に鬼が棲むとされたのも、そうした理由があったためだ。鈴鹿山の鬼は、女神ともされた鈴鹿御前と大嶽丸という鬼で、征夷大将軍として名高い坂上田村麻呂に討伐された伝説が残る。

また鬼の頭目として最も有名な酒呑童子も、丹波の大江山を拠点とし、たびたび都を襲撃しては高貴な姫までさらったとされる。最終的に酒呑童子は朝廷が差し向けた武士たちに退治されることになるが、それは王朝の支配に服さない勢力と、権力との対立の物語ともとれる。酒呑童子をはじめ、茨木童子、星熊童子など大江山の幹部級の鬼たちは名前に「童子」がつくが、これも体制に従わないものであることの象徴だ。童子の名は鬼たちが子どもの髪型である禿童《かむろ》であったことに由来するが、近代以前の時代には髪型は身分を表す重要なアイコンであり、大人になっても童形の髪を貫くことは、それだけで社会の埒外にいる者であることを示していたのである。

鬼として蔑まれた人々

怪物として描かれたまつろわぬ民

正史で鬼とされた抵抗勢力

鬼の5つのカテゴリーのなかで、最も『鬼滅の刃』に近い鬼は、5種類目の「鬼」とされた人々だろう。人間でありながら社会秩序から外れ、人間社会に対する抵抗者として描かれる『鬼滅の刃』の鬼と同じ悲哀と特徴を持っているからだ。まつろわぬ民というのは、神話の時代、あるいは古代に天皇の支配に服従しなかったとされる人々のことだ。「まつろう」とは、「服う」あるいは「順う」と書き、服従すること、恭順することをいう。

『古事記』や『日本書紀』には、初代天皇である神武《じんむ》天皇が九州の日向（現在の宮崎県）を出発して旅を続け、最終的に大和（現在の奈良県）の橿原《かしはら》に都を建てる「神武東征」の物語が描かれているが、そこに登場する天皇の一団と出会う各地の土着の勢力は、土蜘蛛という見下した名で呼ばれたり、尻尾が生えた異形の姿で表されたりしている。神武天皇の最大の強敵となるのはナガスネヒコという大和の土豪だが、その名前もスネ（足）が長いという異形を強調したものだとされる。

『日本書紀』では、景行天皇が皇子のヤマトタケルに「山に邪《あや》しき神あり、郊に姦《かしま》しき鬼あり」としてこれらの討伐を命じる場面があるが、神武東征と同様に、天皇側は自らに従わない先住の民を悪しき神、騒々しい鬼と表現したのである。現代風にいうならば、敵への「レッテル貼り」である。

こうした描き方は神話から歴史の時代に入っても変わらずに継承されている。平安時代、朝廷軍の矛先は東北、蝦夷の民に向けられてゆく。坂上田村麻呂が清水寺を建立し、蝦夷を討伐する物語を絵巻にした『清水寺縁起絵巻』では、馬に乗り立派な鎧をまとった朝廷軍に対して、蝦夷はざんばら髪に粗末な衣のまさに鬼のような姿に描かれている。天皇に背く者、朝廷に従わない者、そうした体制になびくことをよしとしない勢力が、権力者によって「鬼」とされ、恐れるべき者とされていったのだ。

なぜ東北の民は鬼とされたのか

「蝦夷」で括られた東方地方の民たち

陰陽道では、丑寅つまり東北の方角を「鬼門」と呼ぶ。鬼門とは文字通り鬼（古代中国で死者の魂のこと）の出入りする門で、「鬼」に恐るべき怪物の意味が加えられた日本では何事をも避けるべき大凶の方角と考えられるようになった。

山城国に都をおいた朝廷にとっては、東北地方がまさに鬼門の方角にあたり、現実問題としても東北には朝廷が従えることのできない民・蝦夷の大集団がいた。ひとくちに蝦夷といっても、彼らがひとつの氏族として蝦夷国をつくり、蝦夷政権を建てて朝廷に対抗していたというわけではない。朝廷から見て北東に暮らし、従わない勢力はすべて蝦夷として捉えられていたのだ。畿内を拠点とし、九州から本州の大部分を押さえた朝廷にとって、東北地方は最後のかつ最大の懸念材料となった。桓武天皇の延暦年間（782～806）だけでも繰り返し蝦夷討伐のための遠征軍が組まれ、大伴弟麻呂《おとまろ》、坂上田村麻呂ら歴戦の将軍が続々と投入されている。

朝廷がここまで蝦夷討伐に力を割いたのは、東北地方が金などの鉱物資源を産出する豊かな地でもあったからだ。延暦21年（802）、蝦夷の長・阿弖流爲らの降伏によって朝廷の大規模遠征は完了、一応の目的は果たされたのだが、その後も東北地方は京からは容易に支配できない土地であり続けた。中尊寺金色堂を建立した奥州藤原氏が4代にわたって東北地方に半独立王国を築いたのは、田村麻呂の時代から300年ほど後のことだ。東北地方はまつろわぬ気質を潜在させた、朝廷にとって長きにわたって恐るべき「鬼の国」だったのである。

撰雪六々談「蝦夷の信仰」
朝廷に逆らった抵抗勢力は、「鬼」とされ征討する大義名分となった。

まつろわぬ民と土蜘蛛

鬼と同一視された、もうひとつの抵抗勢力

東北のまつろわぬ民が蝦夷と総称されたように、南九州には熊襲《くまそ》、隼人《はやと》と呼ばれたまつろわぬ民がいた。蝦夷、熊襲という東西ふたつの氏族がまつろわぬ民の最大勢力として、ヤマトタケルの東征、西征の伝説などにつながっていくのだが、もちろんこれ以外の地域にもヤマトの王権に従わない人々がいたことは想像に難くない。

そうした各地のまつろわぬ民は、土蜘蛛と呼ばれることが多かった。「土にこもる」が語源とされるこの呼称は、先進的な家を建て、都市をつくって生活する文化的な公家たちに対して、洞窟などに穴居する野蛮な集団という意味を含んでいる。『古事記』『日本書紀』に登場する土蜘蛛的な存在の代表は大和の豪族ナガスネヒコだが、古代の国々の歴史、地理風土をまとめた『風土記』には、実に多くの土蜘蛛たちの名前が記されている。

『常陸国風土記』には茨城に八束脛《やつかはぎ》という土蜘蛛がいたとの記述があるが、この名はハ

源頼光公舘土蜘作妖怪圖
朝廷に逆らう人々は土蜘蛛といわれ、時代が下ると蜘蛛の妖怪として描かれるようになった。

ギ（すね）が八束（約64センチ）もあるほど長いという意味で、ナガスネヒコにも通じる意味をもっている。鬼の語源は「おおひと」だという説もあるが、茨城には巨人ダイダラボッチの伝説もあり、手足の長さを強調される土蜘蛛と興味深い共通点があるともいえる。

また土蜘蛛には、豊後の五馬媛《いつまひめ》、肥前の大山田女《おおやまだめ》、狭山田女《さやまだめ》、海松橿媛《みるかしひめ》など多くの女族長と考えられる名前が見られることも大きな特徴だ。古墳や墳墓の出土例から古代日本には多くの女性権力者が存在したことが知られているが、土蜘蛛として記された彼女たちはこうした各地の「女王」であったとも考えられるのだ。土蜘蛛は、自らの土地を守るために天皇の軍と戦って敗れ、あるいは服従していった存在なのである。

鬼として生きた人々

社会秩序からはみ出て悪事を行う元人間たち

鬼は恐れられ、人々に危害を加える存在だが、古くは土蜘蛛と呼ばれ先住の地を追われた人々のように、中央の権力によって鬼とされ、その道を生きざるを得なかった者もいた。あるいは自ら進んで体制から抜け出し、鬼としての生き方を選んだ者もいただろう。

芥川龍之介の小説『羅生門』の主人公である下人は、羅生門の下で死人から髪の毛を抜き取る老婆をみて義憤にかられるが、最後は自らが老婆の着物を奪い取る追い剥ぎと化して姿を消している。この小説は『今昔物語集』の「羅城門の上層に登りて死人を見たる盗人の語」をベースにつくられたものだが、平安時代も後期になると朝廷の力も衰微し、本来は平安京への入り口となる正門、羅城門（羅生門）でさえも死体が転がり、盗賊が出没する危険地帯になっていた。こうした状況で、ついには羅城門には鬼が住み着いているとさえいわれるようになるのだが、『羅生門』の下人のモデルは、自ら制度から抜け出し、強盗や盗賊、つまり鬼の道を選んだ者であったのかもしれない。

鬼たちは人の多い都を主な「仕事場」としながら、その拠点は平地から隔絶された山の中に置いたとされる例が多い。平安京をおののかせた盗賊・袴垂保輔《はかまだれやすすけ》は、もと藤原一族に生まれた下級の公家だったが、悪事を重ねた挙句ついには都を追放され、配下を集めて逢坂山を根城にした盗賊団の首領となっている。鈴鹿御前、大嶽丸という鬼が棲んだ鈴鹿山、酒呑童子の大江山、そして袴垂の逢坂山はいずれも京の辺縁といえるほどの距離にある山であり、逢坂山、鈴鹿山はそれぞれ関所が置かれた交通の要衝、境界の地でもあった。

盗賊としての鬼たちは京都の辺縁を拠点とした。そこが朝廷という中心、体制にまつろわぬ鬼たちの生きる場所となったのである。

観音霊験記 秩父巡礼二拾五番
「久那岩谷山久昌寺 奥野の鬼女」
子を身ごもりながら村から追放された女は、子を守るために鬼女となった。

山に現れる美しい女性たち

山に逃れた遊女

山は体制から追われた人々が暮らす場所でもあった。平安時代中期に書かれた『更級《さらしな》日記』には、深い山の中に遊女のような女たちが棲んでいたという記録がある。日記の主である菅原孝標女《たかすえのむすめ》たちが足柄《あしがら》山の麓に宿泊した夜のこと、山中から3人の遊女が現れたという。年齢は一番上が50ほど、続いて20ばかり、最も若い女は14、15歳ほどで、小屋の前に座らせると若い女のひとりが「自分は、昔遊女をしていた『こはた』という者の孫だ」と名乗る。その容姿は美しく、声も澄み渡るほどに美しい。しかるべきお屋敷に勤めても問題ないだろうと皆が感心していると、その女は加えて歌道の素養まで見せ、彼女たちが帰ってしまうことを惜しんで泣く者が出るほどだったという。彼女たちは「傀儡子」ではないかとも考察されているが、「傀儡子」とは操り人形を使った芸能を行う集団で、傀儡女《くぐつめ》は歌や芸とともに遊女に近い生業を持つ面もあった。

山に棲む鬼女といえば山姥《やまんば》である。「姥」という文字のために老婆を連想してしまうが、山母や山姫と呼ばれることもあり、若い女の姿で現れ美しい声で歌うとする伝承もある。彼女たちもまた平地の人々や体制側にある集団から追われ、あるいは逃れて山に住むようになった集団であるとも考えられるのだ。

観音霊験記 秩父巡礼廿九番
「笹の戸見目山長泉院 竜女」
秩父の山中に毎夜現れた竜女。山中に美女が現れる逸話は数多く残っている。

人々を恐れさせた山姥

山中に棲む鬼の代表例

山姥の最も有名な例といえば、足柄山に棲んだという山姥だ。鈴鹿山の鈴鹿御前、戸隠山の紅葉などと同じく山姥も鬼女の一種と考えられるが、一方で山姥には彼女たちのような固有の名前が与えられる例はあまり見られない。足柄山の山姥も特別な名前を持たないが、彼女の育てた男の子は日本一有名な子どもといっても過言ではない。足柄山の金太郎である。金太郎は成長すると坂田金時と名を変え、源頼光の四天王の一角として大江山の酒呑童子退治にも参加しており、鬼との因縁を感じさせる。

山姥は民話や伝説にも非常に多く現れるが、昔の人々にとってはそれだけ身近に感じられる存在であり、またリアルな恐怖の具現化でもあったのだろう。「牛方《うしかた》と山姥」という昔話では、山中で山姥に追われ大切な牛を喰われてしまった牛方（牛飼い）が、夜中に山姥を釜に閉じ込めて焼き殺し復讐を果たしている。有名な「三枚のお札」でも山姥は知恵比べで和尚に敗れ、殺されてしまう役回りだ。一方で、ふらりと街に降りてきて農業や糸繰りを手伝い、あっという間に人間離れした作業をこなす気さくでお人好しな怪物として山姥を描写した民話もある。

こうした物語の背景には、山居する人々と平地の人々の間での衝突と交流の歴史があったとも考えられる。また災いをなす一方で福をもたらすこともあるという山姥の属性は、最も古い鬼の類型である祖霊、地霊と同様だともいえる。平地で失った棲み家を山中に見出したのが山姥なのだとすれば、それは酒呑童子をはじめとする鬼たちの境遇にもよく似て見えてくる。

芳年武者无類「阪田公時 源頼光」
頼光四天王のひとり・坂田金時(右)は足柄山の山姥の子として生まれ、その相貌は鬼のように描かれている。

鬼は滅んだのか

『鬼滅の刃』の鬼は滅んだのか

『週刊少年ジャンプ』2020年24号（集英社）の第205話をもって、『鬼滅の刃』は完結した。あらゆる鬼の始祖である鬼舞辻無惨が斃されたことで、無惨から血を分けられたすべての鬼が滅んだとされる。唯一の例外は珠世によって鬼になった愈史郎だ。無惨から血を分けられたわけではない愈史郎は、その後も生き続けていることが最終話で描かれている。ただし、愈史郎は人間を喰わず、人間と同じ心を持っているため、「鬼」とはまた別の者といっていいだろう。

では、もはや鬼は現れないのか、といえばそうとはいい切れない。無惨自体も平安時代の医師が「青い彼岸花」を原料にした薬によって鬼にされたものであり、愈史郎も珠世によって鬼にされたのである。『鬼滅の刃』では、鬼は自然発生的に生まれるのではなく、人工的に生まれたものとして描かれているのだ。最終話では無惨を鬼に変えた「青い彼岸花」が見つかったことが描かれている。鬼が再び現れる（つくられる）可能性を残しているのだ。

鬼とは、害悪をもたらす「異質なもの」

本書で紹介してきた鬼は、山から降りてくる者であり、朝廷や幕府への反体制者であり、「恨み」や「妬《ねた》み」を強く持つ不幸な者などである。共通するのは、自分たちの社会秩序、生活空間から外れたところからやってくる、害悪をもたらす「異質なもの」である点だ。このことは古典の中だけに限らない。近代の太平洋戦争においても、「鬼畜米英《きちくべいえい》」の標語のもと、外からの敵を「鬼」としてイメージしたのである。

グローバリゼーションや価値観の多様化、SNSに代表されるコミュニケーションの変化によって、現代人はひと昔前に比べて、明らかに「異質なもの」に接する機会が増えたといえる。このことから人々に本能的な防御反応として、自分を「正義」とする自己肥大と他者への攻撃が起きる。

現代社会は新たな鬼を生み続けている

第4章において、『鬼滅の刃』のヒットの要因として、改元と新型コロナウイルスをあげたが、新型コロナウイルス陽性者や帰省者への誹謗《ひぼう》中傷などのいわゆる「自粛警察」などは、まさにこの異質なものへの防御反応が顕著に現れた例だといえるだろう。「自粛警察」側からすれば、新型コロナウイルス陽性者や帰省者などは、自分たちに害悪をもたらす「異質のもの」、すなわち鬼だろう。

一方で、自分たちの存在以外を認めずに攻撃をする「自粛警察」は、そのほかの多くの人々にとってやはり「異質な存在」になってしまっている。そして、そのことに本人は気づいていない。「自粛警察」は、辛い過去やコンプレックスなどから自己を肯定して他者を否定する『鬼滅の刃』における「鬼」そのものといえるだろう。

鬼は無抵抗でいれば害悪をもたらすものである。鬼に対しては抵抗しなくてはならない。しかし、鬼と思っていたものが害悪をもたらすことがない単なる「異質なもの」であった場合、鬼と思って「異質なもの」に対して攻撃した側が鬼となるのである。

誰もが「鬼」になり得る社会

『鬼滅の刃』では鬼は害悪をもたらす「滅する必要があるもの」ではあるが、主人公・竈門炭治郎はそのような鬼に対して共感と同情をするシーンが多く描かれている。異質なものに対して、最後まで心を寄り添おうとする姿は、複雑化した現代社会における鬼との付き合い方を示しているように思える。

現代社会では「自粛警察」の例に見られるように誰もが鬼になり得る。そしてそのような鬼はいつどこで現れるかわからない。その恐怖感は現代人の心の奥底にも常にあることが、『鬼滅の刃』の大ヒットに表れている。このことから、新たな鬼の物語はこれからもつくられていくだろう。

現代においても鬼はまだ滅びていないのだ。

参考文献

『鬼滅の刃』全205話　吾峠呼世晴 著　集英社

『鬼滅の刃公式ファンブック 鬼殺隊見聞録』吾峠呼世晴 著　集英社

『異界と日本人』　小松和彦 著　KADOKAWA

『絵で見て不思議！ 鬼とものの怪の文化史』　笹間良彦 著　遊子館

『鬼がつくった国・日本 歴史を動かしてきた「闇」の力とは』小松和彦、内藤正敏 著　光文社

『鬼と日本人』　小松和彦 著　KADOKAWA

『鬼とはなにか まつろわぬ民か、縄文の神か』　戸矢学 著　河出書房新社

『鬼の研究』　馬場あき子 著　筑摩書房

『神隠しと日本人』　小松和彦 著　KADOKAWA

『カラー版 日本の神様100選』　日本の神社研究会 著　宝島社

『カラー版 日本の神社100選 一度は訪れたい古代史の舞台ガイド』　日本の神社研究会 著　宝島社

『鬼滅の刃 起源考察録』　ダイアプレス

『鬼滅の刃 鬼殺隊血闘史』　鬼研究会 著　コスミック出版

『鬼滅の刃 最終鬼密文書』　ダイアプレス

『鬼滅の刃をもっと楽しむための大正時代便覧』 大正はいから同人会 著 辰巳出版
『古神道の本』 学習研究社
『今昔妖怪大鑑 湯本豪一コレクション』 湯本豪一 著 パイインターナショナル
『神社と神様大全』 宝島社
『神道の本』 学習研究社
『説話ー異界としての山』 説話・伝承学会 編 翰林書房
『帝都妖怪新聞』 湯本豪一 編 KADOKAWA
『都道府県別 にっぽんオニ図鑑』 山崎敬子 著 じゃこめてい出版
『日本現代怪異事典』 朝里 樹 著 笠間書院
『日本の神話 完全保存版』 宝島社
『日本の聖と賤 中世篇』 野間 宏、沖浦和光 著 河出書房新社
『日本の歴史がわかる本 古代〜南北朝時代篇』 小和田哲男 著 三笠書房
『明治妖怪新聞』 湯本豪一 編 柏書房
『歴史人物怪異談事典』 朝里 樹 著 幻冬舎
『歴史読本 特集 闇の王国 知られざる日本史の魔界』昭和62年8月号 新人物往来社
『歴史読本特別増刊 事典シリーズ23号 日本「鬼」総覧』 新人物往来社

監修　小和田哲男 おわだ・てつお

1944年、静岡県生まれ。1972年、早稲田大学大学院文学研究科博士課程修了。2009年3月、静岡大学を定年退職。静岡大学名誉教授。研究分野は、日本中世史。『お江と戦国武将の妻たち』(角川ソフィア文庫)、『呪術と占星の戦国史』(新潮選書)、『黒田如水』『明智光秀・秀満』(ともにミネルヴァ書房)、『名軍師ありて、名将あり』(NHK出版)、『黒田官兵衛 智謀の戦国軍師』(平凡社新書)、『家訓で読む戦国 組織論から人生哲学まで』(NHK出版新書)、『戦国武将の叡智』(中公新書)などがある。

STAFF
編集　青木 康(杜出版株式会社)
執筆協力　青木 康、高野勝彦、常井宏平
装丁　谷口 淳
本文デザイン&DTP　川瀬 誠

鬼滅の日本史

2020年10月24日 第1刷発行
2021年 2月 9日 第4刷発行

監　修　小和田哲男
発行人　蓮見清一
発行所　株式会社宝島社
〒102-8388 東京都千代田区一番町25番地
電話(営業)03-3234-4621
(編集)03-3239-0928
https://tkj.jp

印刷・製本/サンケイ総合印刷株式会社

ISBN 978-4-299-00970-8